講談社選書メチエ

500

近代日本のナショナリズム

大澤真幸

MÉTIER

目次

まえがき

二〇一一年三月一一日に東北地方の太平洋岸を襲った東日本大震災とそれに引き続いて起きた東京電力福島第一原子力発電所の事故、日本の近代史に大きな転機を画するに違いないこれらの出来事は、ナショナリズムについて、日本のナショナリズムについて多くのことを考えさせる。ナショナリズムとは何なのか？　それはよいものなのか悪いものなのか？　それはどのような点でよく、どのような点で悪いのか？

たとえば、日本人は、震災と原発事故の直後から、「がんばろう‼　日本」とか「日本を信じている」等と自分に言い聞かせてきたし、また諸外国の人々から、「がんばれ、日本！」等と呼びかけられてきた。つまり、災害を「日本（人）」という枠組みで解釈し、自分を奮い立たせ、他者からの好意を受け取ってきた。確かに、こうした解釈は、「私たち」に勇気や喜びをもたらした。こうした体験は、ネーションやナショナリズムはよいものだ、と実感させる。

他方で、ナショナリズムは、同朋にだけ優先的に愛着や連帯感を覚える感情であって、偏狭で差別的な部分をもち、外部の人々に対して排他的・抑圧的に作用する、と批判してきた論者もいる。実際、そうした批判を裏付けるような事実も、歴史の中にはたくさんある。その最も顕著な例は、第二次世界大戦の一部ともなっている日本のアジアへの侵略戦争やアメリカとの戦争であった。

それならばナショナリズムがなかったらどうだっただろうか？　ナショナリズムとして概念化できるような態度や感情をわれわれがもっていなかったとしたら、どうだっただろうか？　そのときでも、多くの「日本人」が、東北地方の外部にいて地震や津波の被害を直接には受けなかった「日本人」が、東北地方の被災者たちに深く同情し、彼らを助けようとして行動するだろうか？　それとも、ナショナリズムがなければ、地震や津波の被害は「他人事」ということになって、現在発揮されているほどの強い連帯の感情は、東北地方の外部では湧き起こらないのだろうか？

だが、東日本大震災や原発事故に対しては、諸外国の人々も心配し、支援にかけつけてくれたのではないか？　とするならば、逆に、ナショナリズムがなければ、あるいはネーションを画する政治的・心理的な境界線がなければ、われわれはもっと広く、もっと深く他者の苦難に共鳴し、互いを助けあうようになるのだろうか？　考えてみれば、東日本大震災に匹敵する困難や不幸は、世界中のいたるところにある（あるいはあった）のに、しかも「われわれ（日本人）」はそのことを知っているのに、今回の震災のときほどには深く同情もしなかったし、支援のための行動も起こさなかった。それは、どうしてなのだろうか？　ナショナリズムや、ネーションへの帰属意識が、そうした他者への深い共感を妨害していたのだろうか？

要するに、ナショナリズムは普遍的な連帯にとってポジティヴなものなのか、ネガティヴなものなのか？　震災と原発事故は、ナショナリズムについての反省を刺激せずにはおかない。ナショナリズムがあったおかげで、直接の被害を受けなかった者までもが、支援のために行動したと推測することもできる。逆に、ナショナリズムのせいで、同朋の困難とその外部の困難とを区別し、前者にばかり配慮するようになったとも推測できる。さらには、ナショナリズムに規定された同朋意識は、内部の仲間だけではなく、同時に逆説的に外部の他者への感受性をも高めるという可能性もある。

＊

私は、本文（第5章）の中で、日本人の社会意識を包括的にとらえようとしたある大規模な社会調査を引用している。この調査に使われた質問票の中に、ナショナリズムに関連する問いが二系列含まれている。一つの系列は、日本への愛着の程度を検出する質問群であり、もう一つの系列は、日本人としての自信の度合いを明らかにする質問群である。どちらもナショナリズムとして概念化される感情だが、興味深いことに、調査結果から判断する限り、両者はまったく異なった振る舞いを示す。つまり、「自国への愛着」と「自国への自信」は「同じもの」あるいは「よく似たもの」ではないのだ。

たとえば、身内への愛情が強い者は、どうしても外部の他者に対して相対的に無関心になり、場合によっては外部の他者を憎むことさえある、とする常識がある。身内への愛情は、その外にいる者への愛情を小さくするというわけだ。しかし、少なくともこの調査は、この常識を否定している。つまり、日本への強い愛着を表明している者ほど、海外との交流に対して積極的で、外国に友人をもちたいとか、困っている海外の人を助けたいという気持ちも強い。

それに対して、日本人としての自信の強い人は、海外との交流に対して逆の態度を示す。どういうわけか、日本人として大きな自信を表明する者は、海外の人と友達になりたいという気持ちが相対的に弱く、海外への支援活動に消極的な傾向がある。「海外の他者への態度」を指標にしたとき、「日本への愛着」と「日本人としての自信」は異なったものであることが明らかになるのだ。

この調査が示しているのは、ナショナリズムは多様な契機の複合体であって、それぞれの契機は異なる行動や態度として現れるということである。東北での大震災や原発事故は、ナショナリズムの中に孕まれたこうした多様な可能性を、学者の思弁の中でだけではなく、われわれの生きられた実践の中で実感させ、反省させたのである。

＊

私は、二〇〇七年に、講談社から、ナショナリズムを理論的・一般的に考察する書『ナショナリズムの由来』を出した。無論、私の探求の目標のひとつは、自分自身のナショナリズム、つまりは日本のナショナリズムであった。本書には、『ナショナリズムの由来』と同時に、あるいはその後に執筆した、日本のナショナリズムを主題とする論文を収録した。これらが、震災と原発事故が触発した、ナショナリズムに関する問いをさらに深めるための有効な素材となれば、と願っている。

ここで、各論文が書かれたコンテクストやその内容についてごく簡単に記しておく。第1章だけは、日本のナショナリズムというより、ナショナリズム一般を論じている。ナショナリズムがどのような意味で近代的な現象なのか、そのどこに謎の核心があるのかを明らかにしている。これは、もともと、姜尚中氏と一緒に編集した『ナショナリズム論・入門』（有斐閣、二〇〇九年）の序章として書かれたもので、『ナショナリズムの由来』の第一部前半の要約としての意味ももっている。

第2章は、台湾の中央研究院で開催されたコンフェランスで発表された英語論文を、今田勝規君（京都大学人間・環境学研究科博士課程）が翻訳してくれたもので、『ラチオ』3号（二〇〇七年）に掲載された。ここでの主題は、明治時代に生まれた日本のナショナリズムが、どのようなメカニズムに従って、昭和初期のウルトラナショナリズムへと転回したのかにある。英語版（ただしかなり圧縮されている）は、*The Dignity of Nations: Equality, Competition, and Honor in East Asian Nationalism* (Sechin Y. S. Chien and John Fitzgerald eds., Hong Kong University Press, 2006) に収録されている。

第3章は、いわゆる「靖国問題」を題材にして、歴史について考察している。最初の掲載誌は、『ラチオ』1号（二〇〇六年）である。歴史への知的関心は、ナショナリズムと深く結びついている。世界中のどこの国でも、ナショナリズムの勃興とともに、歴史学が盛んになり、大学等での教育・研究の領域の中で、歴史学の地位が上昇する。ナショナリズムがなかったら、歴史（学）がこんなに重要な学問になることはなかっただろう。「歴史」という知的探求そのものの構造を問うことは、同時にナショナリズムを問うことでもある。

第4章は、日本民俗学の二人の巨人、柳田國男と折口信夫を比較した論考で、初出は、『国文学解釈と鑑賞』二〇〇七年一二月号である。柳田も折口も、日本の伝統的な民俗を探究してきた者として、日本の敗戦に際して、ナショナリスティックな使命感をもった対応をとっている。しかし、二人の構想は対照的である。その対照は、二人の民俗学の基本的な相違を反映している。二人の相違は、ナショナリズムが懐胎する多様性を反映している。

第5章は、二〇〇七年六月に開催された関東社会学会のシンポジウムのために準備した原稿を書き改めたものである。シンポジウムの主題は、「現代日本の若者の保守化」であった。私は、若者たちの「ナショナリズム」について考察した。ここでは、ポストモダンのナショナリズム、「不可能性の時代」のナショナリズム、ナショナリズムを相対化するナショナリズムが検出される。

以上のように、すべての論文は独立に読むことができる。

＊

本書の成立に際して、お礼を申し上げなくてはならない方は、実にたくさんいる。

まずは、第1章の論文を執筆するきっかけとなった『ナショナリズム論・入門』を一緒に編んでくださった、姜尚中さんにお礼を申し上げなくてはならない。思い返してみると、姜さんと初めて直接お話をしたのは、二十年近く前に行われた鼎談——故廣松渉先生を含めた鼎談——で、その主題もナショナリズムだった。『ナショナリズム論・入門』をご一緒に編集して、あらためて姜さんの寛大さや学問的見識の深さに感服した。

第2章の英語論文を邦訳してくれた、今田勝規君にもたいへん感謝している。今田君は、京都大学人間・環境学研究科の博士課程に在籍して、目下、博士論文の準備をしている。この論文の翻訳は、英語力はもちろんだが、社会学的な理論を深く理解している人でなくては、安心してお願いすることはできない。今田君は、期待によく応えてくれた。

また、第5章の原稿を準備する過程では、二十代の若い友人たちのアドバイスがたいへん役に立った。一人ずつ名前を挙げないが、この事実は銘記しておきたい。さらに、発表の場となった関東社会学会のシンポジウムを準備してくださった方々にもお礼を申し上げたい。とりわけ企画の中心となり、シンポジウムでは司会をしてくださった、奥村隆さん（立教大学）、小井土彰宏さん（一橋大学）のお二人は、この論文の産婆のようなものである。

最後に、最も感謝しなければならないのは、本書の編集を担当してくださった、講談社学芸局の上田哲之さんである。上田さんには、『ナショナリズムの由来』も担当していただいたし、本書の第2章、第3章の論文の雑誌掲載時にもお世話になっている。一見謙虚だが、実はたいへん厳しい目で執筆者を見ておられるのが上田さんである。人をやる気にさせる不思議なパワーをもった編集者だと思う。上田さん、ありがとうございました。

二〇一一年五月二六日

大澤真幸

第1章

ナショナリズムという謎

本章では、まずナショナリズムがいかに謎に満ちた現象であるかを説明し、近代日本のナショナリズム探究のための準備を整えることとしたい。最初に、われわれは、レーニンが第一次大戦の勃発直後に受けたショックをひとつの手がかりにしながら、ナショナリズムの本質は、背反する二つの志向性の交叉に、すなわち特殊主義的な志向性と普遍主義的な志向性の交叉にこそある、という点を明らかにする。ついで、ナショナリズムをめぐるさまざまなパラドクス——たとえばナショナリズムは近代的な現象なのにナショナリストの主観的な目にはネーションの起源が古代にあるように見えるのはなぜなのか——は、この交叉の変奏として理解しうる、ということを明らかにする。続いて、ナショナリズムの成立を説明する、三つの代表的な理論——アンダーソン、ゲルナー、スミスの理論——を批判的に検討する。ここで、ナショナリズムと資本主義（のある段階）との間に内在的な関係があるということが示唆されるだろう。最後に、二〇世紀末期以降の「季節外れのナショナリズムの嵐」の特徴を概観し、それもまた、本章で提起した着眼点——普遍主義と特殊主義との交叉——を媒介にして説明することができるだろう、との見通しを示す。

1　ナショナリズム研究の中心的な問い

レーニンのショック

ナショナリズムの謎は、第一次世界大戦勃発の直後にレーニンが受けた衝撃の中に集約されている。世界大戦が始まって間もない頃、第二インターナショナルに参加していた、ヨーロッパ各国の社会主義政党は、ほぼ一斉に、自国の戦争の支持に回った。亡命中に、新聞を通じてこの事実を知ったレーニンは驚倒し、これはドイツ警察が捏造した虚偽ではないかとすら考えた。

この事実のどこに、それほどの驚きを引き起こす要因があるのか。ナショナリズムは、特定のネーション（国民・民族）に愛着し、これを優先する特殊主義の一形態であるように思える。他方、社会主義やマルクス主義は普遍主義的な思想である。普遍主義者の特殊主義への突然の折れ曲がり、ここに、この出来事の驚きの中心がある。マルクス主義の公式見解によれば、労働者には祖国なるものはなく、それゆえ、彼らは普遍的に団結することができるはずだった（「万国の労働者よ団結せよ」）。ところが実際には、戦争が始まるや、社会主義者や労働組合は、愛国主義的に行動し、熱心に自国を支持したのである。

ナショナリズムは、特殊主義の一形態であると見なされ、これを批判したり、乗り越えようとする者は、コスモポリタニズムのような何らかの普遍主義的な思想に立脚しようとする。だが、第一次大戦の直後の出来事は、普遍主義によってはナショナリズムを克服しえないことを示唆している。ナショナリズムは、特殊主義と普遍主義の交叉、特殊に限定された共同性への志向と普遍的な社会性への志向との接続をこそ、その本質としているのだ。

両者の逆説的な接続を示す出来事や現象は、いくらでも列挙できるが、とりあえず一つだけ指摘しておこう。民族自決の権利と民主主義、両者は、今日、同じように正当な主張であると見なされている。ナショナリズムにさしあたって直接にかかわっているのは、無論、民族自決権の方である。二つは、しばしば、セットとなって同時に要求される。だが、しばし考えてみるならば、少なくとも理論の上では、両者は背反するポテンシャルを宿していることがわかる。民主主義を特徴づけているのは、諸個人の属性についての「にもかかわらず」という非限定・脱限定の表現である。納税額にかかわらず、身分にかかわらず、人種にかかわらず、性別にかかわらず……といった否定によって、個人の具体的な属性を還元し、抽象化することで、政治への参加の可能性を普遍化すること、これが民主主義あるいは民主化ということだ。とすれば、民主主義は、特定の民族を他から区画し、それに自決の権利を与えようとする思想とは、少なくとも、その基本的な精神において背反するはずだ。両者が国際政治において同等に重視され、ときに同時に要請されても、誰もとまどったり、たじろいだりしないのは、この一見明白な矛盾を不可視化する、何らかの社会的なメカニズムが働いているからである。それこそが、ナショナリズムだ。

普遍性への志向と特殊性への志向、真っ向から対立するこれら二つのベクトルが、いかにして、どのようなメカニズムに媒介されて接続することができるのか。普遍性への志向が、どうして、特殊性への志向へと反転するのか。ナショナリズムをめぐる探究が解明すべき中心的な問いは、ここにある。

「想像された共同体」

ナショナリズムとは何であろうか。ナショナリズムはどのように定義できるだろうか。もちろん、ナショナリズムは、ネーションを尊重する規範・態度のことではあるが、この定義はトートロジカルで、無内容である。ネーションとは何かが規定されていないからだ。ところが、ネーションは、何らかの文化的単位——生活様式の共通性に立脚した共同性——ではあろうが、これを必要かつ十分に定義することは著しく困難である。それどころか、後に述べるように、ネーションは、集団についての最も基本的な社会学的な分類の中にすら、位置づけをもたないのだ。ヒュー・シートン＝ワトソンは、ついにあきらめて、ネーションの「科学的定義」は不可能だと嘆いた上で、しかし、そのような現象は確かに存在してきたし、今でも存在している、と述べている（Seton-Watson［1977:5］）。

ベネディクト・アンダーソンは、ネーションを「想像された共同体」であると述べた（Anderson［1983→1991＝1997］）。この規定は、あまりにも有名だが、この慧眼の学者が、ネーションについてだけ「想像された」という形容を認めたのはなぜなのかが重要である。というのも、彼自身も認めているように、どのような共同体も、想像の内にリアリティをもたないならば、共同体としては成り立たないからである。たとえば、家族でさえも、想像の共同体の一種であって、単に同居という事実のみでは成立しない（居候者は、想像の連帯の中に組み込まれていなければ、家族の一員とは見なされないし、逆に、単身赴任のように、遠く離れていても、想像の共同性があれば、家族である）。アンダーソンが、ネーションを「想像の共同体」と呼んだのは、ネーションは、他の共同体とは違って、想像においてのみ実在的だからである。

ネーション以外の（以前の）共同体——少なくとも成員にとってそこへの所属が死活的な重要性をもつような共同体（サバイバル・ユニットとなっている共同体）——は、それぞれの個人を中心とした、伸縮自在な親疎のネットワークとして存在していた。言い換えれば、それらの共同体は、直接の対面関係や相識関係の連なりとして存在していたのだ。たとえば、ある人物が別の人物に同朋意識や親密さを感じるとすれば、それは、同じ抽象的な共同体の一員だからではなく、自分の直接の友人であったり、親戚の客人であったりするからに他ならない。このような共同体は、想像だけではなく、直接の知覚や感覚の体験を通じて実在性を確保している。だが、ネーションはそうはいかない。どんなに小さなネーションでも、それを構成する個々人は、他の大多数のメンバーを直接には知らず、間接的に知る機会すらもたない。にもかかわらず、ネーションのメンバーは、互いに同朋意識をもっている。ネーションは、この意味でずばぬけて抽象的であり、それが実在するとすれば、想像においてのみだ。これがアンダーソンの認定である。

アンダーソンが認識した、ネーションのこうした特徴に、われわれは、冒頭に見た、ナショナリズムの背反する二つのベクトルの痕跡を再確認することができる。ネーションが想像を媒介にして確保される抽象的な共同性であるとすれば、それは、原理的には、無際限に包摂するメンバーを拡大し、普遍化する潜在的な可能性をもっているように見える。われわれが、もし直接に関係を有する者に対してしか深い連帯の感覚をもちえないのだとすれば、そうして構成される共同体は小規模なものに留まるだろうが、そうした直接の関係を必要としない同朋意識や連帯感は、いくらでも拡大する可能性をもっているはずだ。ところがしかし、ネーションのメンバーシップには必ず限界があり、どんなに大きなネーションでも、あるいはどんなに傲慢なネーションでも、やがて地球が、自分たち一国・一民族によって覆われることになるだろう、と夢想することはない。ネーションは、現実においてだけではなく、可能性においてすらも、常に、その外部に別のネーションがあることを前提にしているのである。たとえば、キリスト者やムスリムは、いつの日か、この惑星が、単一の教会や単一のウンマ（イスラーム共同体）へと編成されるかもしれない、と考えることができるが、ネーションについては、そのような期待は自己矛盾的ですらある。

2　ナショナリズムのパラドクス

ネーションの「古い起源」

ネーションやナショナリズムは、近代的な社会現象である。つまり、近代以前には、――「ネーション」という語はあったのだが[1]――、われわれが理解するような意味でのネーションは存在しなかった。しかし、今日、われわれは、たとえば「諸国民の連合 United Nations（国際連合）」という語を用いるときなど、「国民《ネーション》」なるものの存在を自明視して[2]、それがいかに奇妙で謎めいた性格をもっているのかを見逃してしまう。アンダーソンは、ナショナリズムには、三つのパラドクスがあり、理論家たちはこれらに面食らう、と述べている。まずは、三つのうちの最初の二つに注目しておきたい。

第一に、ナショナリティ（国民的帰属）という社会文化的概念は、形式的には普遍的なのに、それが、具体的にはいつも、手の施しようがないほどの固有性をもって現れ、そのため、定義上、たとえば「ギリシア」というナショナリティは、完全にそれ独自の存在となってしまう。第二に、歴史家の客観的な目には国民《ネーション》は近代的現象に見えるのに、ナショナリストの主観的な目にはそれはきわめて古い存在と見える。以上が、アンダーソンが挙げるパラドクスである。第一のパラドクスは、ナショナリズムが背反する二つのベクトル（普遍主義と特殊主義）の交叉の上に成り立っている、ということまでの論点を、直接に再確認するものである。ここで注目しておきたいのは、第二のパラドクスである。これは、同じ交叉——空間的・共時的に表現されていた交叉——の時間的・通時的な現れと見なすことができるのだ。つまり、二つのパラドクスは、同じパラドクスの異なる二つの表現である。

アンダーソンが述べているように、ナショナリズムという観念に内在する人々は、ネーションの起源を、はるかな過去に求めようとする顕著な傾向がある。ネーションの「古代的な起源」についての幻想は、ネーションの本質を象徴すると見なされている遺跡や歴史的事実の内に対象化されている。たとえば日本の場合には、伊勢神宮やあるいは吉野ケ里遺跡が、そのような象徴として社会的には機能する。どのネーションも、類似の象徴を所有している。カール大帝の詔勅、マグナ＝カルタ、オルホン碑文（八世紀にトルコ民族が中国北方にいたことを証明するとされている遺跡）、ピラミッド等々が、そのような象徴である。考古学的発掘への注目は、しばしば、ナショナリスティックな情熱に由来する（Yalman［1993:36,38］参照）。

ネーションの「起源」は、確かにナショナリズムの近代的な性格のことを思えば、いずれも幻想的なものだが、しかし、神話のような無時間的な過去に位置づけられているわけではなく、歴史的な事実ではある。もちろん、その「事実」が、歴史家の客観的な視点からみれば、ほとんど一種の捏造だということもあるだろう。しかし、たとえそうであるとしても、起源は、歴史的な時間の内部に位置づけられる。今日のネーションへと結びつくような最初の出来事は、経験的な時間の内部の特定の事件として説明されなくてはならない。端的に言えば、ネーションの起源は、宇宙そのものの起源と同一視されてはいない。ナショナリズムの象徴とは、起源と見なされたその出来事が経験的な実在であることを「証拠」だてる事物なのである。起源の出来事を宇宙論的《コスモロジカル》なものから区別しておくこと、つまりそれを歴史的なものとして経験的に位置づけておくことは、ネーションというアイデンティティの自覚にとって決定的に重要である。そのネーションを他のネーションから区別して、特徴づけているのは、ただ、そのネーションが体験してきた歴史の特殊性だけなのだから。

しかし、他方で、ネーションなる共同体の起源がはるかな過去であること、言い換えれば現在の文化や生活様式とはまったく異なる世界に所属していることも、同時に強く意識されているのである。そうであるとすれば、起源に設定された出来事は、たとえ経験的な歴史の内部にあったとしても、個人の具体的な個別の経験の範囲からは完全に断絶したものとして、それゆえ一種の先験的＝超越（論）的な領域に所属する準拠として受容されてもいるはずだ。

ネーションの起源の特異性を理解するためには、これを、ナショナリズム成立以前の時間についての了解と対比させてみればよい。ヨーロッパの中世において、当時の人々のアイデンティティの究極的な根拠となるような共同体——つまり宗教的な共同体——の起源が、どのように表現されていたか。大衆のほとんどが字が読めなかった時代にあっては、この種の表現としては、絵画や音楽が文字的なものより重要だったに違いない。たとえば、中世教会のレリーフやステンド・グラス、初期イタリアやフランダースの巨匠たちの絵画には、聖書から取った「起源」が、すなわち楽園からの追放やイエスの生誕が表現されている。この表現に関して、二つの対照的なことがらが注目される。一方では、それは、ネーションの起源とは異なり、宇宙論的なものである。彼らがそれぞれ固有に所属している個別の（世俗の）共同体の起源は、一般に関心の対象になってはいない。問題になっているのは、普遍的な宇宙の起源なのである。必然的に、その種の起源は歴史ではなく、神話の領域に属することになる。言い換えれば、起源は、経験的な世界に属することがらではなく、無時間的な超越（論）的な条件の具象化された表象なのだ。ところが、このような超越（論）的な性格にもかかわらず、他方では、起源についての中世の表象の内に現れる人物たちは、たいへん「現代的」な姿で描かれているのである。つまり、それらの人物に関して、まったく「時代考証」がなされていない。たとえば、キリストの誕生を祝福するために厩舎を訪れた羊飼いは、絵が描かれた当時の実際の農民の衣装をまとっており、聖母マリアは、当時の商人の娘の姿をしている。

したがって、起源の描写に関して、次のような対照が得られる。中世においては、「現在」と「起源」は、異なる時間的な位相に、つまりそれぞれ経験的な時間と神話的（超越論的）時間に属しているのに、両者の外観は驚くほど連続している。他方、ネーションに関しては、「現在」と「起源」は同じ経験的・歴史的な時間に属しているが、しかし、両者の外観の隔絶性が強調される。論理的には断絶しているものが、類似した外観をもち、本来、連続的につながっているものが、異なる外観によって隔てられている。こうした相違、こうした対照は、どうして生ずるのだろうか。

中世の絵画において、普遍的な宇宙の起源の状態と個別の局地的な共同体の現在の有り様が、よく似たものとして描かれる理由は、容易に理解できる。それは、当時の人々の経験や知識の不足からくる想像力の貧困に由来するものだ。宇宙の起源となった出来事を思い描こうとしているのだが、結局、自分たちがよく知っている生活と大同小異の様相としてしか想像できないのだ。井の中の蛙が大海を知らないのと同じである。

ネーションの起源の探究に関しては、はるかに複雑なメカニズムが作用している。ナショナリズムにおいては、普遍性への志向が、ある段階で突如として停止し、特殊な共同性の水準への固着が生ずる、と述べておいた。これと同じことが時間に関しても起きたとしたら、どのような結果が出てくるのか考えてみればよい。普遍的な社会領域(あるいは宇宙)を時間的に基礎づけようとすれば、そのような領域の起源は、時間軸を過去に向かって無限に遡行した時点に、したがって任意の経験的な歴史を超えた時点に、論理的な形式として仮定されるしかあるまい。ところが、普遍主義の思想が特殊主義へと反転してしまったように、ナショナリズムの中では、時間次元の普遍的な遡行も突然停止する。このとき見出されるのが、現在からは遠く隔たった古代の、(宇宙全体ではなく)特殊な共同体(=ネーション)の起源となるような特異な出来事である。だから、ナショナリストの古代への嗜好は、特殊主義と普遍主義の交叉の時間的な表現と解釈することができるのである。

そもそも、歴史(学)への関心自体が、ナショナリズムに深く規定されていたのではないだろうか。本来、ヨーロッパにおいて、歴史学は、重要な学問分野ではなかった[3]。歴史学が人文系の知の中心を占めるようになったのは、一九世紀である。ヨーロッパの主要大学に歴史学の講座が設置され、歴史学の専門誌の出版が相次ぎ、そして何より、ミシュレやブルクハルトのような偉大な歴史学者が登場した。それは、西ヨーロッパに本格的なナショナリズムが成立してきた時期と重なっている。

無名戦士の墓碑

ネーションという共同体の歴史上の特異性を理解するには、――アンダーソンの提案に従って――「無名戦士の墓碑」のことを思えばよい。多くの国民が、自国の「無名戦士」のための墓碑をもつ。戦士名が記録されていても、事実上、「無名戦士」と変わらない、という場合もある(名だけからでは、それぞれがどんな人だったのかはおよそ分からず、ときに無数の名は、電話帳と同じ原理で――つまりアルファベット順で――並べられたりする)。要するに無名戦士の墓碑は、そこに祀られている戦士たちを匿名的なままに留め[4]、さらに――ほとんどの場合、遺骨や遺体が埋葬されているわけではないから――空虚である。匿名的で空虚な墓など、近代に至るまで――ネーションが成立するまで――存在しなかった。しかも、驚くべきことに、匿名的である方がかえって、そこを訪れる者の国民的想像力を強く揺さぶるのだ。ネーションにおいてのみ、こんな奇妙な墓が成り立つのはなぜなのか。墓碑は、ナショナリズムの本性について、いくつかのことを教えてくれる。

第一に、墓碑の匿名性が意味していることは次のこと、すなわち人々は、ネーションという共同体に帰依していると見られている限りでは、具体的な特定の人物という資格においてではなく、抽象的で形式的な個人として主題化される、ということである。ここには、ここまで論じてきたナショナリズムにおける奇妙な混交が、反響しているのを見ることができる。抽象的な形式として見なされる限りでの個人は、言わば誰でもありうるのであって、原理的に言えば、その資格をどこまでも普遍化することができる。しかし、にもかかわらず、誰も墓が代表している不在の住民の国民的帰属《ナショナリティ》を疑わないのであり、彼は、たとえばフランス人であったり、アメリカ人であったり、フィリピン人であったりする。つまり、普遍化可能な資格によって、特殊に閉じられた一つの共同体の成員だけが囲い込まれていることになるのである。

第二に、墓碑が教えることは、ナショナリズムが、死とその反面である不死についての観念と結びついているということである。墓碑は、葬られている人物を、その生の宿命的な有限性を超えた連続性――言わば時間的な普遍性――へと接続し、その中で意味づける。このことと、ネーションのための殉死者が匿名的なままで記念されうるということとを合わせて考えると、次のようなことが結論される。ネーションへの帰属ということは、時間的な遥か彼方で、「すでになされてしまった選択」のようなものとして現れるということ、これである。ネーションは、生の時間幅を超えたところで、そもそも任意の時間の有限な幅を超えたところで、人がこの世界で「何者か」になる前に選択されてしまっている。哲学の用語で表現するならば、ネーションへの帰属を決定する選択は、言わば、先験的（超越論的）な選択なのである。それは、各個人の生の時間の内部の選択に、要するに意識的な選択に、帰することができない。

このことが含意しているのは、ナショナリティ（ネーションへの帰属）が、社会学で言うところの「生得的地位（先天的に決定されている地位）／獲得的地位（後天的に獲得された地位）」の二分法の中に収まらない、ということである。ナショナリティが、生の時間幅を超えたところで定められている（生まれる前に決まっている）かのように扱われているという点に注目すれば、その社会学的な性質は、生得的地位に近いように思える。確かに、それは、職業とか、学生といった地位とは本質的に異なっている。だが、ここで、人は、自らがその責任において選択したことでなくては、そのために殉ずることはできない、ということを思い起こさなくてはならない。たとえば、黒人であるとか、女性であるといったことのために殉死するという観念は成り立たない。しかし、反人種主義やフェミニズムのために殉死することならばできる。それらの思想は、殉死者が選んだことがらだからである。ここで、もし無名フェミニストの墓とか、無名反人種主義者の墓などというものがあったとしたらどうか、と想像してみよ。それらは、とてつもなく滑稽である。殉死している以上は、それらの思想へのコミットメントは、特定の誰彼の選択に責任帰属できるはずだからである。それならば、どうして、ナショナリズムに関してだけ、無名戦士の墓というものが成り立つのか。ナショナリティだけは、特定の誰彼になる前に――つまり先験的に――選択されているからである。こうして、ナショナリティは、生得的地位（選択されたわけではなく与えられただけの地位）と獲得的地位（誰かに選択された地位）との二分法を超えてしまうのである。

ネーションへの帰属をめぐる選択のこうした性格を、共同性・集合態のレベルに投射したときに導かれるのが、今しがた述べてきたような、ネーションの歴史感覚である。ネーションは、近代の産物であるにもかかわらず、当事者としては、その起源をできるだけ深い過去に求めようとする。この両義性は、先験的選択の二重性に対応している。一方で、それは初めからあるのではなく、選択されたことである以上は、この世の経験的な出来事でなくてはならない。他方で、しかし、それは、経験的な生の長さを超えた過去――先験的な過去――のようにも感じられる。この二つの要請の均衡として得られるのが、ネーションの創設を規定する「遥かな古代の起源」という着想である。

二種類の系列性

ネーションやナショナリズムが、いかに謎に満ちた社会現象なのか。このことを示すために、ここまで論じてきた。その際、われわれは、ナショナリズム理論の金字塔とも呼ぶべき、アンダーソンの『想像の共同体』からいくつかの断片を借用してきた。とはいえ、アンダーソンはこの著書において、われわれが指摘してきた最も中核的なポイント——ナショナリズムにおいて普遍性への志向と特殊性への志向が交叉するということ——を自覚しているわけではない。彼の傑出した洞察力が、そうとは自覚することなく、重要なアスペクトを抽出していたのだ。

だが、『想像の共同体』を一九八三年に発表して（増補版は一九九一年刊）、ずいぶん経ってから、アンダーソンは、われわれがナショナリズムに見出した、二つの背反するベクトルの存在に気づき、それを理論化しようとした。その産物が、一九九八年の論文「ナショナリズム、アイデンティティ、系列性の論理」である（Anderson［1998 = 2005］所収）。それは、無論、理論的な前進ではある。がしかし、それは、理論的な後退でもあった。前進することがそのまま後退することでもあるような理論的展開を、アンダーソンは示したのである。ここで、アンダーソンの新理論への批判を試みておこう。その批判がまた、ナショナリズムという現象の特徴や謎を浮き彫りにすることにもつながるからだ。

アンダーソンは、一九九八年論文で「系列性 seriality」なる概念を提起する。系列性とは、モノや人物あるいは出来事などを——不定冠詞を付した名詞で指示するような仕方で——集合（系列）の一要素として定位する作用のことである。集合へのそうした定位によって、その要素は抽象化され、匿名化され、そして同じ集合内の他の要素と代替可能な等価物として扱われることになる。アンダーソンによれば、二種類の系列性がある。第一に、無限定的な系列性がある。これは、境界が定まらない、開かれた系列に位置づけることで、われわれが見出した「普遍化への志向性」に対応している。第二に、限定的な系列性がある。これは、境界が一義的に定まった、閉じられた系列への位置づけを意味しており、われわれの「特殊化への志向性」にほぼ対応している。

無限定な系列性の典型例として、アンダーソンが挙げているのは、新聞である。『想像の共同体』においてすでに、アンダーソンは、新聞がナショナリズムの経験と深く結びついていることを示唆していた。どういう意味か。先に述べたように、ネーションは、直接に接触することのない者同士が、同じ社会的な空間に属している、という実感なしには、成り立ちえない。新聞は、二つの経路を通じて、この実感を支えるだろう。第一に、新聞は、互いに直接には関連のない出来事を、単にほぼ同時に（同じ日に）生起していたという理由だけで、同一の紙面に併置する。これによって、読者は、これら遠く離れた出来事が同時に、共通に所属している、抽象的で均質な空間の存在を想定することができる。言い換えれば、読者は、それら分離した出来事を俯瞰する、神のごとき超越的な視点を獲得していることになる。こうした視点に対して立ち現れる均質空間は、互いに直接には繋がりを持たない人間関係を単一の共同性の中に収容するネーションと同質なものである。第二に、新聞は、一日限りの大ベストセラーである。つまり、われわれは毎朝、自分が読んでいるのと同じ紙面を、互いに知り合うことなく読んでいる同朋が、各地にいるのを知っている。この直接に接触することなく同じ紙面に視線を向けている仲間こそ、ネーション(国民)である。

こうした論点に、アンダーソンの一九九八年論文は、さらに次の点を付加する。新聞は、——取り上げるニュースに若干の偏りがあるにせよ——、自らが発行されている土地の出来事だけを取り上げるわけではなく、「人間世界」で生ずるすべての出来事を対象としている。この意味で、新聞は、無限定の系列性を代表している、というわけだ。

こうしたアンダーソンの主張に対して、われわれが言うべきことは、こうである。『想像の共同体』における最初の論点と、一九九八年論文による拡張とは、総合されなくてはならない、と。すなわち、無限定型の系列性に属する新聞は、それでも、ネーションという限定された共同体についての経験を支えている。それは、ネーションを、人間世界の全体の中で相対化するよりはむしろ、それぞれの読者が属するネーションを特権化し、ナショナリズムを補強するように機能するのだ。それはなぜなのか。このように問いが立てられなくてはならない。

限定型の系列性の典型例として、アンダーソンが詳述しているのは、「人口」である。学術的なセンサス(人口調査)を最初に執り行ったのは、アメリカ合衆国で、一七九〇年のことであった。フランス、オランダ、イギリスなど西ヨーロッパの強国がセンサスを行うのは、それより十年ほど遅れる。今日では当たり前になったセンサスが始まったのは、一八世紀から一九世紀への転換期だったことになる。それでも最初は算定の単位が世帯である。調査結果の国家間比較が可能になるように、調査方法が標準化されたのは、一八五三年の国際統計学会議においてである。つまり、「ヨーロッパがナショナリズムの動乱でおおわれた一八四八年革命の余波のさなかのこと」である。ちなみに、統計学 Statistik（＝国家学）という名は、ドイツ官房学派の領邦国家 Staaten 間の比較研究の伝統の中で、統計学が整えられていったからである。

なぜ、人口が限定型に属するのか。言うまでもない。それは、人間をナショナリティによって排他的に区分し（同国人を外国人から区別し）、さらには、エスニシティや人種によって同国人の集合を排他的に分類するからだ。今日、人々のアイデンティティの重要な根拠となっているエスニシティが、明確な制度的な価値を持ち始めたのは、人口調査においてであったと言ってよいだろう。「人口」こそが近代的な生‐政治の最も重要な主題であると指摘したのは、ミシェル・フーコーである（Foucault［1976＝1986］）。「人口」という概念を機軸にして、フーコーの権力論とナショナリズム研究とを接続することができるかもしれない。

「人口」をめぐるアンダーソンの議論に対しては、先に「新聞」について述べたことと逆の批判を加えなくてはならない。なるほど、人口調査は、人間の全体に境界線を設定し、限定を加える。「ここまでが何々人」「ここまでが何々系何々人」といった具合に。しかし、他方で、「人口」という主題化の方法は、個々の人間を、完全に抽象的な数字に還元することであり、これ以上に人間を無限定化する——無限定な集合の要素に組み込む——方法は他にないとも言える。つまり、「人口」において、極端な限定化と極端な無限定化が交叉し、出会っているのである。両者が媒介される論理を問うことこそ、ナショナリズムの研究の中心的な課題ではないだろうか。

人口という問題が重要なのは、これが、近代民主主義の問題と結びついているからである。人口は、国民の代表を決定する選挙への参加権と結びついているのだ。人口の集合の中に数えられなければ、そのような権利は得られない。冒頭で、ナショナリズム（民族自決）と民主主義との並行性について論じたが、「人口」こそは、両者を繋ぐ環であろう。かつて——ネーション成立以前——の段階では、人々は、人口調査者が自分を数え落とすことを望んでいた。人口は、徴税の（あるいはむしろ収奪の）基礎になるからである。だが、ネーションが成立して以降の近代的な人口調査の下では、人々は、自分が数え上げられることを積極的に望むことになる。数えられることは、主権をもつことの必要条件だからである。

選挙のとき、人々は、まさに「人口」へと——すなわち個人のまったく機械的な集合へと——還元される。人口とは、社会的紐帯の無化、連帯の零度に他ならない。言ってみれば、選挙の度に、共同体は、いったん、完全に解体するのである。ここから、ネーションという強い連帯が——そのためにときに人が命を賭してもかまわないと思わせるような連帯が——立ち上がる。人口（数字にまで還元された抽象的な個人の機械的な集合）から、ネーションという共同性への突然の反転、それがいかにして可能なのか。これが問題である。

それゆえ、アンダーソンの一九九八年論文についてては、次のように言わなくてはならない。ナショナリズムをめぐって、特殊化へと向かうベクトルと普遍化へと向かうベクトルが鬩《せめ》ぎあっていることを見出したことは、評価できる。しかし、それらを、限定型の系列性と無限定型の系列性へと截然と分解し、さまざまな現象をそのいずれかに割り振っていったとき、探究すべき肝心の問いは見えなくなってしまう。ナショナリズムの謎とは、両者が一体となって作用しているということ、本来、互いに足を引っ張り合うような関係にあるはずの二つのベクトルが一体となって作用していることにこそあるからだ。

3　三つの理論

産業化という要請――ゲルナー

それならば、二つの対立的なベクトルがいかにして整合的に接続されえたのか。それらを接続する社会的メカニズムとは何であったのか。この問いに完全に答えることは、本章の任務ではない[5]。ここでは、ナショナリズムの成立機序についての代表的な理論をごく簡単に——批判的に——概観し、解答への手がかりだけを探っておこう。

ナショナリズムの理論の中心的な争点は、ネーションとナショナリズムは近代の産物か否か、という問いにこそあった。すでに述べてきたように、われわれは、ネーションは近代の産物であるとする説（近代主義）に与している。だが、先にも述べたように、そう考えた場合には、どうしてナショナリストの目にはネーションがそれより遥かに古いものに見えるのか、という疑問が残ることになる。そこで、ナショナリストの主観的な感覚を素直に反映する説もある。すなわち、ネーションは、その起源を古代にもっており、家族や村落と同じように、人類史を通じてほぼ恒久的に存続してきたとする説（原初主義）もある。

だが、いくつもの実証的な事実から判断して、本格的なネーションとナショナリズムは、一八世紀末期から一九世紀にかけて、新大陸の植民地と西ヨーロッパでまずは発生し、やがて世界中に波及していったと結論するのが、やはり妥当であろう。日本がネーションと見なしうる状態に達したのは、一九世紀の最末期から二〇世紀のごく初頭である。

だが、ナショナリズムが近代に成立したとして、それは、いかなる社会的なメカニズムによるものだったのだろうか。この近代主義に立脚した理論としては、二つの説が傑出した説得力をもっている。二つの説とは、ここまでその名を繰り返しあげてきたアンダーソンの説と、アーネスト・ゲルナーの説である。おもしろいことに、二つの説は、同じ年（一九八三年）に出版された著書によって知られている。

ゲルナーは、単一の原因を指定し、社会学理論としては稀にみる明快さで、それがナショナリズムを結節するまでの因果関係を辿ってみせる。単一の原因とは、「産業化」である（Gellner［1983＝2000］）。

近代に先立つ社会、すなわち農業社会は、階層的に構造化されており、そこでは、階層間の社会移動も乏しかった。それは、不平等が容認されている社会である。このような社会においては、文化の機能は、それぞれの個人に、彼が所属すべき階層を受容させること、つまり各階層に対応した適切な「物語」を提供することである。各階層に対応する文化は、互いに独立性が高く、上層から下層の各階層は、ほとんど自律した異なる社会を構成している。特定の規範、特定の秩序が、地域の社会の全体を覆うことはなかったのである。とりわけ重要なのは、リテラシー（文字の読み書き能力）が特定の階層に限定されていたということである。このように公然と不平等を容認する社会にとっては、ナショナリズムは適合的な政治原理ではありえない。

ゲルナーによれば、ナショナリズムとは、政治的な単位と文化的な単位が合致すべきだとする政治原理である。このような意味でのナショナリズムは、産業化された社会に固有な政治原理である、とゲルナーは説く。産業社会とは、経済成長が規範となり、政権に正当性を与える規準と化した社会である。経済成長が必然化した社会では、絶えざる技術革新が要請される。不断の革新は、流動的な職業構造を帰結する。革新が、頻繁な（階層間の）社会移動を不可避なものとするのだ。職業構造の不安定化は、社会の平等性を帰結する。このような社会にとっては、諸階層の間の架橋不可能な断絶を強調する、農業社会の文化・規範は、もはや適当ではない。産業社会は、複雑でありかつ平等であるような最初の社会なのである。かくして、産業社会では、差異＝差別を基礎づける規範に代わって、平等性を仮定する規範、すなわちナショナリズムが要請されることになる。これがゲルナーの説明である。留意すべきことは、平等だから職業構造が流動化したのではなく、産業化の要請のもとで流動化した職業構造が平等をもたらしたということである。

産業社会は、職業そのものの質をも転換させる。この点にゲルナーは注目する。農業社会の労働は、基本的に肉体的なものである。それに対して、産業社会の労働は、主として、意味的なものである（つまり言葉や人を操作することである）。産業社会に生きていくためには、コンテキストから独立したメッセージを発し、また理解する能力がどうしても必要になる。要するに、産業社会では、文字を読み書きする能力が、誰に対しても――つまり平等に――要求されるのだ。産業社会は、それまでエリート（官僚、法律家、神学者など）のしかも非日常的な活動（学問・宗教など）においてのみ必要だった「高文化（読み書きの教養）」をすべての人々に対して日常的に要請する。言うまでもなく、高文化は主として学校で伝達される文化である。高文化のこのような普遍的な必要に対応できなかった社会は、つまり文化と政治の合致を実現できなかった社会は、産業化（経済成長）の競争の中で脱落していくほかない。

つまり、ゲルナーによれば、産業化にともなう職業構造の流動化と職業内容の変質が社会の平等性をもたらすのであり、その平等性を正当化し、また実現するための文化としてナショナリズムが要請されるのである。ナショナリズムは、産業化にともなう社会システムの機能的な必要を充足させるのだ。

以上に概観したようなゲルナーの議論は、しかし、いくつかの疑問を誘発する。第一に、ゲルナーの議論は、宗教に類比させることができるような、ネーションへの深い感情的なコミットメントを説明しない。産業化への機能的要請という根拠によってのみでは、己の死をも恐れぬほどにネーションに深く執着する者が無数にいるという事実を説明できないだろう。

第二に、ゲルナーの議論は、ナショナリズムが、ネーションの内部を平等化する点を強調し、平等化の反作用として、ネーションが特殊化され、他のネーションから差異化されているという局面を軽視しているように思われる。ネーションの特殊化にともなう、物的・人的・情報的なコミュニケーションの閉鎖は、ときに産業化とは不関与であり、さらに産業化にとって逆機能的である場合すらある。ナショナリズムと産業化が不関与であるように思われる事例は、特に初期のナショナリズムに見出される。たとえば、合衆国の独立革命がフランス革命に先立っていたことからも示唆されるように、新大陸におけるナショナリズムは、きわめて早い段階に登場するが、そこは当時、産業化という観点から見れば、きわめてプリミティヴな段階にあった。ナショナリズムが産業化にとって逆機能的であると思える事例は、今日のわれわれである。現代の経済にとっては、ネーションが異なる言語や文化を有するということは、多くの場合、不都合なことである。だが、後に述べるように二〇世紀の末期以降、ナショナリズムは衰えるどころか、むしろ逆に強化されてきてさえいるのだ。

出版／資本主義——アンダーソン

ゲルナーは産業社会の基本的なトレンドとして二つの要因、すなわち職業構造の流動化と職業内容の変質を剔出した。両者の内、基礎である「地」を形成しているのが前者（平等化）である。後者（特殊な言語能力の普及）は前者に規定され、それに内実を与える要因なので、「図」に対応するだろう。ベネディクト・アンダーソンは、この「図」に対応していた部分こそ、むしろ基底的要因であると見なした。そうすることでアンダーソンが照準しようとしているのは、まさに、ゲルナーが説明しそこなった二つのポイント——宗教的な関与と特殊主義的局面——である（Anderson［1983 → 1991＝1997］）。

ナショナリズムは、第一義的には言語的な現象である。このような見地にたつアンダーソンによれば、ナショナリズムを形成した主要な要因は、俗語が出版を介して普及したことにある。普及した俗語こそが、「国（民）語」として受け入れられることになるのだ。たとえば、エルンスト・モーリッツ・アルントは次のように詩《うた》ったという。「ドイツの祖国とは何か。ドイツのことばがひびくかぎり、神が天でうたうかぎり、この国をかく呼ばん」（田中［1981］等参照）。この詩は、特定の俗語――この場合ドイツ語――の使用が、アイデンティティの基底部分を構成していたということ、しかもそれが宗教への関与に類比させうるものであったこと（「ドイツのことばがひびくかぎり」という句と「神が……」という語との並立が示すように）を表現しているだろう。

アンダーソンの説明に差し向けられる疑問点は、出版それ自体は、必ずしも俗語を波及させる力をもたない、ということである。たとえば、中国における印刷術の発明はヨーロッパに五百年も先立っていたが、ネーションの形成に連なるいかなる革命的な影響も残さなかった。この点をアンダーソンも心得ており、重要なのは、ただの出版活動ではなく、出版資本主義だと説く。出版物は最初ラテン語知識人たちの市場に向けて出されるが、その市場はやがて飽和してしまう（それに約百五十年かかったのだという）。飽和した後には、印刷業者と出版社は、資本主義的な衝動に基づいて、一言語だけを話す大衆の巨大な市場を開発しようとするだろう、とアンダーソンは説明する。だが、仮にこの説明を全面的に認めるとしても、なお疑問は残る。大衆が市場に消費者として登場してこなくては、この資本主義的な衝動は満たされない。それまで話し言葉による直接的なコミュニケーションに自足していた大量の民衆が、文字による表現・理解にまで興味を持ちはじめたのは、なぜだろうか。この疑問は、出版と資本主義の「図」と「地」の関係を、アンダーソンとは逆に捉えるべきではないか、ということを示唆する。俗語文字表現への需要は、資本主義的な社会変動の中でこそ、誘発されたであろう。たとえば、商業・産業ブルジョワジーや官僚などを含む専門職業者たちが、俗語出版物の消費者になったに違いない。彼らは、ゲルナーが注目した「意味的な労働」に従事する者たちである。そうであるとすれば、出版という範疇の中に属する特殊な資本主義が問題なのではなく、出版を促進要因として随伴する資本主義の全般的な運動の方が基底をなしているのである。

ゲルナーは、ナショナリズムを生み出す規定的な要因を、経済的な契機、つまり産業化に求めた。ゲルナーの言う「産業化」とは、経済成長が必然化する現象である。そうであるとすれば、産業化した社会とは、「剰余価値」の不断の生成を伴ったシステム、つまり資本主義のことであろう。してみれば、ゲルナーの議論の検討から始まった考察は、一種のメビウスの帯を描いていたことになる。ゲルナーとアンダーソンの説への批判的考察が暗示しているのは、ナショナリズムは、資本主義のある側面——資本主義一般ではなくそのある特定の段階や側面——に相関して生まれてきたのではないか、ということである。

先に、アンダーソンが挙げている、ナショナリズムの三つのパラドクスの内の二つだけを紹介した。三つ目のパラドクスとは、こういうものである。すなわち、ナショナリズムは、近代のどのような「イズム（主義）」よりも大きな政治的影響力をもったのに、哲学的には貧困で、リベラリズムやマルクシズム、フェミニズム等の他の「イズム」と違って偉大な思想家をも生み出さなかった、というのだ。だが、偉大な思想家を生み出さなかったが、社会的には絶大な影響力をもった、近代の「イズム」は、もう一つある。資本主義《キャピタリズム》である。この二つの、とりわけ貧困な「イズム」の間には、何らかの内在的な関係があるのかもしれない。

エトニーのナショナルな起源——スミス

資本主義は未来志向的な社会システムである。もし資本主義のある側面とナショナリズムとの間に関連があるのだとすれば、ここから、次のような逆説が導かれることになろう。すなわち、人類史上、圧倒的に強い変革への渇望をもって現れた資本主義という社会システムは、そうした未来への渇望の強さにちょうど比例するようにして、より深い過去へと眼差しを向けようとする郷愁をも強化しているように見えるのだ。この過去への郷愁を文字通り素直に受け取ると、ナショナリズムの起源を古代に求めようとする原初主義が登場する。ゲルナーの弟子にあたる、アントニー・スミスは、近代主義と原初主義とを折衷させるような形で、ナショナリズムの成立を説明しようとしている（Smith [1986 = 1999]）。

スミスは、次のように論ずる。確かに、固有の意味でのネーションは近代に成立したのだが、ネーションの素材とも言うべきエスニックな共同体――これを「エトニー」と呼ぶ――は、遥かな古代から存在していたのだ、と。共通の血統神話や文化の共有等によって特徴づけられるエトニーが、産業化を初めとする近代の社会変動にさらされることで、ネーションへと移行した、というわけである。スミスの説明は、端的に言えば、ナショナリストの主観的な通念を追認したものに過ぎない。「エトニー」のような原初的な共同性から直接には、アンダーソンに「想像された共同体」と呼ばしめたネーションのあの性質――直接の関係から独立した共同性――は導かれない。とすれば、ネーション以前のエトニーのような共同体とネーションとの連続性を言い立てるより、両者の質的な断絶に注目する方が、理論的な観点からはより生産的だと言わざるをえない。

だが、スミスにこのような説明へと誘惑した性質がネーションにないわけではない。このことは、次のような問いを立ててみると明らかになる。ネーションは、ゲマインシャフトか、それともゲゼルシャフトか。ナショナリストは、しばしば、ネーションを巨大な家族や部族、あるいは村のようなものとして表象している。つまり、ネーションは、拡張されたエトニーとして想像されているのだ。その意味では、ネーションは、ゲマインシャフトの一形態であると考えたくなる。だがしかし、他方で、伝統的な部族的共同体や村落共同体が解体し、十分に都市化された段階において、初めて、ネーションは登場する。その意味では、それはゲゼルシャフトである。このように、ネーションは、最も基本的な社会類型「ゲマインシャフト／ゲゼルシャフト」をすり抜けてしまうのである。[6]

一見、素朴なスミスの議論も、それを総体としてひっくり返してみると、興味深い示唆を含んだものになる。スミスの議論をひっくり返すとは、次のようなことである。スミスは、歴史的には（事実問題として）、エトニーがネーションの起源だった、と論じた。それに対して、逆に、論理的にはむしろ、ネーションこそがエトニーの起源である、と考えてみるのだ。どういう意味か、若干の説明が必要だろう。

近代への移行は、原初的な共同体（エトニー）の全人格的で有機的なつながりから個人を解き放ち、市民権のような普遍的で抽象的（媒介的）な規定によって内部の諸個人を結びつける共同体を成立させる。ここで、決定的に重要なことは、この普遍的で抽象的な結合は、それ自体としては、まったく機能しない、ということである。それが機能するためには、普遍的で抽象的な結合自身が、エスニックで（特殊で）具体的な姿をとって現れなくてはならないのである。言い換えれば、エスニックで具体的な結合自身が、市民の共同体の普遍的で抽象的な関係を表示し、具現するものとして意味づけられたとき、初めて、普遍的で抽象的な関係が実効的なものとして人々を捉えることになるのだ。簡単に言えば、あるエスニックな共同体のよきメンバーであること――たとえばよき「日本人」であること――が、そのまま、よき市民であることの具体化として意味づけられたとき、市民の共同体が実効的なものとして、人々を巻き込むことに成功するのである。

このメカニズムを例示するために、少しばかり、回り道をしてみよう。アンダーソンは、ネーションは想像される、と論じたわけだが、柄谷行人は、カントの「想像力（構想力）」の理論との関連で、非常に興味深い事実を指摘している（柄谷［2004］）。カントが感性（感じること）と悟性（考えること）とを厳しく区別したことはよく知られているが、カントが、感性と悟性の両方の性格を併せ持っているように見える美学的趣味判断についてどのように論じたか、にまず注目している。カントは、趣味判断には、次のようなアンチノミー（二律背反）が伴う、としている。すなわち、①「趣味判断は、概念にもとづくものではない」という命題と、その否定②「趣味判断は概念にもとづくものである」という命題とが、ともに成り立つのだ。①は、趣味判断は、論証によってその妥当性が決定されるようなものではない、ということである。だが、他方で、われわれは、趣味判断に関しても、論争を挑み、他人に同意を求めたりもする。つまり、趣味判断に関しても、妥当性を要求するのだ。これが②の意味である。カントは、感性と悟性を区分しながら、同時に、両者が総合されうる可能性があるとし、両者を媒介する能力を「想像力（構想力）」と呼んだ。が、しかし、――ここが肝心なところだが――カントは、その総合の能力を、それ自体として積極的に提示できるとは考えず、ここに見たようなアンチノミーの形式で、間接的・消極的に示唆しうるのみであるとしたのである。ところが、カントに続く、フィヒテやシェリングなどのロマン派の哲学者たちは、感性と悟性（理性）とを総合する能力を、直接に、積極的に取り出しうる、と考えるようになった。たとえばシェリングは、直観的知性が、感性と悟性の二元性を超え、両者を総合する、とした。ここで重要なことは、フィヒテやヘルダーのようなロマン派の哲学者は、ナショナリズムを基礎づける理論家だった、ということである。それに対して、カントは、よく知られているように、普遍主義的なコスモポリタニズムを主張した。

以上の柄谷行人の洞察は、われわれの議論の文脈では、どのような意味をもつのか。趣味判断が概念にもとづかない（①）ということは、それが、あくまで個別的・特殊的なものだということである。それに対して、趣味判断が概念にもとづく（②）ということは、それが普遍的な妥当性を要求するということである。つまり、美学的趣味判断は、個別性・特殊性への志向性と普遍性への志向性との二つに引き裂かれているのである。ところで、これこそ、われわれがナショナリズムに見出した二つのベクトルではなかったか。カントは、両者を積極的には接続しなかった。両者を積極的に統合した哲学者たち、すなわち、感情にあらかじめ理性的なものがあるとした――要するに理性（道徳）を感性化＝美学化した――ロマン派の哲学者たちが、ナショナリズムの指導者になったという事実は、われわれの仮説と正確に対応すると言ってよいだろう。ナショナリズムとは、普遍主義と特殊主義との共存と交叉によってこそ特徴づけられるのだから。

これだけの準備をした上で、「スミスの議論をひっくり返す」ということの解説に立ち戻ろう。先に、普遍的で抽象的な関係が、エスニックな結合という姿をとって現れる、と論じたが、こうしたメカニズムは、「イメージ」の働きとの類比で説明できる。今見てきたように、ナショナリズムが「想像力（構想力）」についての理解と深く関連しているのだとすれば、こうした類比も十分に正当化されるはずだ。たとえば、「三角形」は抽象的で一般的な概念である。それは、「三本の直線によって囲まれた図形」として定義することができる。だが、われわれは、この抽象的な概念規定のみによって、「三角形」が何であるかを理解することはできない。「三角形」という概念を理解するためには、具体的な三角形についてのイメージ（像）がどうしても必要だ。「三角形」が何であるかを知らない人に、それを教えるという場面を想像してみれば、このことは直ちに分かるだろう。「三本の直線……」といった抽象的な定義をいくら重ねても、相手に「三角形」の本質を理解させることはできない。「三角形」について教えるためには、いくつか具体的な三角形を描いてみせればよい。やがて、相手は、「三角形」を理解した、という確信に至るだろう。このとき、具体的な三角形のイメージ（像）が、「三角形」という抽象概念の表現としての意味を担っているのである。留意しなくてはならないことは、客観的な観点からすれば、具体的な個々の三角形は、決して、「三角形」という概念そのものではありえないということだ。それらは、ある大きさの角や、ある長さの辺を有する、特定の三角形であって、断じて三角形一般ではない。それにもかかわらず、「三角形」について真に理解しているとき、ある特定の三角形のイメージが、「三角形」という概念の現象形態として見えているのだ。

これと類比的な関係が、エトニー（三角形の具体的なイメージに対応）と市民の共同体（「三角形」という概念に対応）の間に成立しているとき、その両者の関係こそが、まさにネーションなのである。個々の具体的な三角形は、決して概念としての「三角形」ではないが、それなしに「三角形」という概念を理解することはできない。同様に、市民の抽象的な共同体は、エトニーの具体的で有機的な繋がりとは異なるが、それなしには構成されえないのである。個々の三角形の像が、それ自身は概念そのものとは合致していないにもかかわらず、概念の具現と見なされるように、エトニーが抽象的な共同体の直接の現象形態として体験されたときにネーションになるのだ。

ある特定の具体的な三角形が「三角形」一般の現れとなるためには、「三角形」という概念についての理解が前提になる。これこそが、エトニーがネーションの起源なのではなく、ネーションこそがエトニーの（論理的な）起源だ、という主張の内に含意されている関係である。ある特定のエトニーがネーションの市民的共同性の具体化として意味づけられている場合、抽象的な市民的共同性としてのネーションへの志向こそが、まずは論理的な先行条件となっているのである。ネーションへの志向性そのものは、エトニーについてのさまざまな条件とは異なるところから到来する。が、いったん、そのような志向性が与えられたならば、エトニーは、それを具体化し、現実化するために有効に作用するのである。

4 ナショナリズムの季節はずれの嵐

二〇世紀の末期以降——とりわけ冷戦の終結以降——、世界中でナショナリズムの嵐が吹き荒れている。この現在のナショナリズムの嵐は、まったく季節はずれで、社会学的な必然性を欠いているように見える。ここまで論じてきたように、ナショナリズムは、最初から、謎に満ちた社会現象ではある。だが、現代のナショナリズムに関して言えば、謎は、さらにもう一段、深化している。

一九世紀の古典的なナショナリズムも、確かに、不可思議な現象だが、それでも、その段階であれば、ネーションに有意味性や機能性を与える、いくつかの経済的あるいは文化的な根拠を見出せないわけではない。ゲルナーが述べたように、ネーションという、文化的に均質な単位は、かつては、産業化にとって有利な実体であった。あるいは、アンダーソンが述べるように、印刷メディアを中心とするマスメディアにとっては、情報を収集したり発信したりする領域は、かなりの程度、ネーションの拡がりと合致していた。そもそも、人々が頻繁に移動しうる範囲が、ネーションの領土を大きく超えることができなかった。

しかし、二〇世紀の終盤以降は、これらの条件は、ことごとく失われている。ナショナリズムは、その必要性をまったく失ったとき――つまり社会のゴミと化したとき――、最もその勢いを増しているようにみえるのだ。現在のナショナリズムは、古典的なナショナリズムと質的に異なったものなのか。それとも、両者は、本質的に同じメカニズムによってつき動かされているのか。

表面的に見て取ることができる、現代のナショナリズムの特徴を確認しておこう。第一に、現代のナショナリズムは、いわば、国民を民族化する運動として生起している。かつて、ナショナリズムは主として、局地的な共同体――主として直接の面識関係を基礎にした共同体――を、「国民」という広範で包括的な単位へとまとめあげていく圧力として作用していた。だが、今日のナショナリズムは、この人民の国民化とちょうど反対方向の圧力を加えてくる。それは、国民を、「民族《エスニシティ》」というより小さな単位へと分解していく圧力として作用しているのだ。

第二に、現代のナショナリズムは、「民族化」とはまったく逆方向に向かう運動と、深く連動している。すなわち、今日のナショナリズムは、国民国家を、インターナショナルなより大きな政治単位の内に解消していこうとする傾向と同時代的に共存し、さらには直接に連動してさえいるのだ。こうした傾向を代表する典型は、ヨーロッパ共同体である。それは、ヨーロッパの国民国家の主権の一部をより包括的な政治的単位へと事実上委譲し、そのことで国民国家をその包括的な政治的単位に包摂しようとするものである。あるいは、イスラーム原理主義のような国際的なイスラーム教の運動もまた、こうした現在の傾向を代表する事例の内に数えておくことができるだろう。イスラーム教は、国民国家の枠を超える——あるいは国民国家に無関係な——普遍的な原理である。その意味では、イスラーム原理主義やイスラーム復興運動は、ナショナリズムを相対化する運動と見ることができる。しかし、ときに、イスラーム教自体が、民族のアイデンティティを規定する最も重要な契機として位置づけられている場合もあり、このときには、イスラーム復興運動が、それ自体、ナショナリズムとして現れることになる。ユルゲンスマイヤーが「宗教ナショナリズム」と呼んでいるのは、このようなケースである（Juergensmeyer［1993 = 1995］）。

国民国家を超えるインターナショナルな政治的主権の極限に見出されるのが、ハートとネグリが〈帝国〉と呼んだ社会的実体である。〈帝国〉とは、グローバルな経済的・政治的交換を有効に調整する主体のことである。それは、どの特定の国家や制度とも同一視することはできない。グローバルな社会が、古代ローマ帝国との類比で記述できるような〈帝国〉となっている、これがハートとネグリの中核的な主張である（Hardt & Negri［2000 = 2003］）。今日の民族化するナショナリズムは、グローバルな〈帝国〉の時代のナショナリズムである。したがって、現在、古典的な「国民」が反対方向に引き裂かれようとしている。一方では、国民は〈帝国〉の中に包摂され相対化されようとしており、他方では、国民は民族へと細分化されようともしている。

われわれは、ナショナリズムの本質的な特徴は、普遍性への志向性と特殊性への志向性との交叉にある、と述べてきた。以上に指摘した二つの特徴は、二〇世紀末以来の新しいナショナリズムもまた、この二種類の志向性、二種類のベクトルとの関連で説明し、理解すべきだということを示唆している。とはいえ、おそらく、古典的なナショナリズムの場合とは、二つのベクトルが接合される仕方が異なっているのだ。古典的なナショナリズムは、特殊主義と普遍主義の背反するベクトルの均衡点において——つまり両者の妥協点で——ネーションを結節させることで成り立ってきた。ネーションのスケールが、二つのベクトルがちょうどつりあう地点だったのだ。それに対して、特殊主義と普遍主義が、ともに、この均衡点の位置を超えて強化されたときに現れるのが、現代のナショナリズムではないだろうか。均衡点を超えて強化された特殊主義と普遍主義が、突然、短絡的に出会う場所、そこに産み出されたのが、一方では、現代的なエスノ・ナショナリズムであり、他方では、〈帝国〉だったのではあるまいか。

ここでは、ナショナリズムの理論が探究すべき問いがどこにあるのか、そのことのみを示してきた。以下の章では、近代以降、二一世紀に至るまでの日本のナショナリズムについて、論究していくことにしたい。

註

1 「ナショナリズム」という語に関して言えば、近代以前には存在しない。この語が辞書に登場するのは、一九世紀の終盤である。

2 この惑星で最も重要な国際組織が、「諸国家連合 United States」でも、「諸エスニシティ連合 United Ethnicities」でも、「諸人種連合 United Races」でも、さらに「諸アイデンティティ連合 United Identities」でもなく、「諸国民連合」であることの意味を考えてみよ。

3 ヨーロッパ中世の大学が重んじた「自由七科（リベラル・アーツ）」の中に、歴史学は含まれていないことを思い起こせばよい。

4 現代の日本で、名指しで問題にされている（すでに死亡した）戦士がいる。いわゆる「A級戦犯」である。A級戦犯はすでに靖国神社に「合祀」されており、その「分祀」は不可能だと神社は主張する。なぜ、分祀ができないのだろうか。いったん、「国のために殉死」した者は、匿名的な集合の中に統合されなくてはならないからではないか。一人でも、「悪い戦死者」が混じっていれば、「無名戦士」の集合全体の完全性が犯されることになる。そして、無名戦士こそは、ネーションの「善性」の重要な源泉（のひとつ）なので、ナショナリストにとって、無名戦士の集合に対する無条件の信頼が崩れることは、致命的である。

5 ここでの問いに対する私自身の解決については、大澤［2007］を参照されたい。

6 この「ゲマインシャフトでありかつゲゼルシャフトでもある」というネーションの両義性の極限が、先に、「人口」との関連で確認しておいた構成である。ネーションは、一方では、互いの間につながりのない抽象的な個人の機械的な集合（人口）――ゲゼルシャフトの極端なケース――にも見えるし、他方では、強い宿命的な連帯によって繋がれた共同体――ゲマインシャフトとしての側面――にも見える。

参照文献

Anderson, B. [1983], *Imagined Communities: Reflections on the Origin and Spread of Nationalism*, Verso.（白石隆・白石さや訳『想像の共同体――ナショナリズムの起源と流行』リブロポート、一九八七年）→ [1991], Revised Edition, *Imagined Communities: Reflections on the Origin and Spread of Nationalism*, Verso.（白石さや・白石隆訳『増補 想像の共同体』NTT出版、一九九七年）

―――― [1998], *The Spectre of Comparisons: Nationalism, Southeast Asia, and the World*, Verso.（糟谷啓介ほか訳『比較の亡霊――ナショナリズム・東南アジア・世界』作品社、二〇〇五年）

Foucault, M. [1976], *Histoire de la sexualité 1: La volonté de savoir*, Gallimard.（渡辺守章訳『性の歴史1――知への意志』新潮社、一九八六年）

Gellner, E. [1983], *Nations and Nationalism*, Blackwell Publishing.（加藤節監訳『民族とナショナリズム』岩波書店、二〇〇〇年）

Juergensmeyer, M. K. [1993], *The New Cold War?: Religious Nationalism Confronts the Secular State*, University of California Press.（阿部美哉訳『ナショナリズムの世俗性と宗教性』玉川大学出版部、一九九五年）

柄谷行人 [2004],「ネーションと美学」『定本 柄谷行人集4――ネーションと美学』岩波書店。

Negri, A. and M. Hardt [2000], *Empire*, Harvard University Press.（水嶋一憲ほか訳『〈帝国〉――グローバル化の世界秩序とマルチチュードの可能性』以文社、二〇〇三年）

大澤真幸 [2004],『帝国的ナショナリズム――日本とアメリカの変容』青土社。

―――― [2007],『ナショナリズムの由来』講談社。

大澤真幸編 [2002],『ナショナリズム論の名著50』平凡社。

Seton-Watson, H. [1977], *Nations and States: An Enquiry into the Origins of Nations, and the Politics of Nationalism*,

Westview Press.
Smith, A. D.［1986］, *The Ethnic Origins of Nations*, Basil Blackwell.（巣山靖司ほか訳『ネイションとエスニシティ——歴史社会学的考察』名古屋大学出版会、一九九九年）
田中克彦［1981］,『ことばと国家』岩波書店。
Yalman, N.［1993］,「人間精神の完成——イスラームにおける超ナショナリズムの問題」『思想』823号。

第2章
ナショナリズムからウルトラナショナリズムへ

1　明治ナショナリズム

日本ナショナリズムと天皇制

ナショナリズムは近代的な現象である。日本において、大衆の国民化は、天皇制の近代的な制度化を通して生じた。ミクロレベルにおいて、近代とは、諸個人が主体として構成されるということによって定義される。近代日本社会において、諸個人は天皇と向かい合った主体として構成された。

正確にいつ日本はネーションとして確立されたのか？　江戸時代の日本社会が国民国家を構成していたと考えることはできない。江戸時代における日本列島の住民も、もちろん、「日本」という社会的な実体が存在していることは知っていたが、彼らにとって「日本人である」ということは、アイデンティティの重要な要素ではなかった——ちょうど今日の日本人が、自分たちがアジアに所属していることを知っていても、「アジア人である」というアイデンティティに強い思い入れをもたないのと同様である。江戸時代の武士にとって、自分が所属している「くに」は、日本ではなく、藩である。[1]

それでは、江戸時代の後、いつから日本人は自分たちを「日本人」と見なし始めたのか？　いつから、日本人にとって、まさに「日本人である」という規定がアイデンティティの不可欠で枢要な要素になったのか？　いくつかの証拠は、この過程が、明治二〇年代（一八八七年〜）に確立したことを示している。[2] なかでももっとも重要な証拠は、天皇制の変容と制度化に見出される。幕末において、それまで政治的に影響力をもたなかった天皇制が改定された。天皇を近代政治に参入させるため、日本の一般民衆に天皇の身体の現実性を明示する、儀式的な見世物が考案された。タカシ・フジタニによれば、明治二〇年（一八八七年）頃に、天皇の身体を演出する方法は、大きく変化したという。[3] この変化は、日本社会がそのとき初めてネーションとして構成されたという観念を支持している。

明治時代前半、巡幸は、天皇の身体を劇的に演出するために企図された、主要な儀式であった。天皇は、その身体の実在を一般大衆に向けて明示するために全国を回った。天皇は常に移動していたために、帝都についての観念は存在しなかった。東京は、単に、主要な行在所《あんざいしょ》に過ぎなかったのである。しかしながら、明治二〇年代、徒歩による巡幸は突然中止された。汽車を使った巡幸はしばしば行われたのであるが、天皇の身体を直接目にする機会は、劇的に減少したのである。フジタニによると、同時に、東京が首都であるべきだという一般的な認識が確立されたという。この時点から、天皇は、行事を執り行う場所である帝都に、主にとどまることとなったのである。東京で初めて執り行われた主要な行事は、明治二二年（一八八九年）の大日本帝国憲法発布の記念式典であった。このとき、皇室行事の方法が変化しつつあるなか、以前には一般大衆にとって可視的であった実際の天皇の身体が、明治天皇の御真影に取って代わられたのである。興味深いことに、天皇が写った元となる写真は、天皇自身の写真ではなかった。代わりにされたのは、イタリア人画家のエドアルド・キヨッソーネによって描かれた肖像画の写真であったのである。したがって、天皇の肖像は、実際には、天皇を間接的に表象したものだった。このような変化が、なにゆえ日本におけるネーションの創出を象徴するのだろうか？

天皇を取り巻く儀式様式における変化は、天皇の身体が一般大衆にとって不可視的なものになるという結果を招いた。より正確に言えば、それは、国民にとって天皇の身体の可視性が間接的な過程になったということを意味した。したがって儀式の変化は、天皇の身体が（部分的に）抽象的なものとして、国民を統治することが可能であるといった観念と連結している。もしも帝都で新たに執り行われる儀式が、帝都から遠くはなれた地域を含んだ、全国すべての地方にとって意義をもつとしたら、さらに、もし地方の儀式が、東京における儀式の模倣として執り行われるならば、そのときには、一般民衆にとって、天皇の統治の現実性は、その身体の直接的な現前からは独立したものとなるだろう。このような展開の前に、天皇が全国各所を巡り、国民の前に姿を現すことが必要であったのは、各々の地方における共同体の結束が、共同体の成員間の直接的な関係（理念的には、互いに顔見知りである）に基づいていたからだということを暗に示している。すべての共同体の統一を実現せねばならない天皇は、長い旅をして地方の共同体に自身を顕現させねばならなかった。なぜなら、それぞれの共同体において、結束とは、人々の間の相互的で直接的な現前によって確保されるからである。しかしながら、共同体の結束が、(部分的に)抽象的な天皇の身体によって保障されたとき、共同体は人々の間の直接的な相互作用からは独立した統一となるのである。

このような種類の共同体が、ネーションである。ベネディクト・アンダーソンは、ネーションの概念を定義する困難を認める一方で、「いかに小さな国民であろうと、これを構成する人々は、その大多数の同胞を知ることも、会うことも、あるいはかれらについて聞くことも[4]」ないということを指摘している。ネーションは、単に特定の個人を取り巻く社会的関係の具象的なネットワークを延長したものではなく、抽象的な統一なのである。ネーションが抽象的な共同体から成立するとき、要素を統合する抽象的なものとして、天皇の身体を維持することが必要でありまた可能でもあるのだ。

日本の国民化が、明治二〇年代に確立されたことを支持するさらなる証拠がある。

ネーションの特徴のひとつに、俗語文の導入がある。それはアンダーソンが特に注目したものである。このことは、国民語の形成と深く関わっている。日本において、俗語で書かれた文学は、書き言葉と話し言葉の統合を表した言葉によって書かれ、一八八〇年代末から一八九〇年代にかけて始まった。俗語による最初の小説は、二葉亭四迷が、明治二〇年(一八八七年)から明治二二年(一八八九年)にかけて書いた『浮雲』であった。国民的構成が確立されたことを示すもうひとつの徴候は、鉄道の発展であった。鉄道の敷設が、国家建設にとって重要なものであった。というのは、それは、すべての主要な都市を最終的に帝都と連結する輸送のネットワークを通して、国家がひとつの均質な空間であるといった印象をもたらすことに貢献するからである。日本では、主要な鉄道はすべて明治二〇年代に敷設された（たとえば、東海道本線は明治二二年、東北本線は明治二四年、また信越本線は明治二六年に敷設された）。

ウルトラナショナリズムにおける変化

日本ファシズムである昭和期のウルトラナショナリズムは、日本によるアジア侵攻と、最終的には太平洋戦争の主な原因であった。それは、天皇に対する狂信的な崇拝から成り立っていた。問題は、ウルトラナショナリズムが、単に明治期の後半から始まった初期のナショナリズムを強化した形態に過ぎなかったのかどうかということである。ウルトラナショナリズムは、明治期のナショナリズムを稼動させたのと同様の機制によって支えられていたのだろうか？　それとも、明治のナショナリズムから昭和のウルトラナショナリズムへの変移において、性質上の変化があったのだろうか？　このような問題は両義的ではある。しかし、その答えを探し求めることは、問題の重要性を明確にするための手助けとなるだろう。

橋川文三は、典型的なウルトラナショナリストは、典型的なナショナリストとは異なり、どこか尋常でない、異様な性質をもっていると書いた[5]。このような文脈から、典型的なウルトラナショナリストは、戦前の昭和においてしばしば起こったテロリズムと結び付けられて考えられる。すでに明治期にも、多くのテロリストによる事件があった。にもかかわらず、ウルトラナショナリズムの時代のテロリズムの性質は、初期のテロリズムの性質とはまったく異なったものだった。ウルトラナショナリズムについて書いた影響力のある批評家ら（橋川や久野収のような）は、安田善次郎（安田財閥の当主）を暗殺した朝日平吾を、最初のウルトラナショナリストのテロリストと見なしている。朝日による暗殺は、彼の同時代人にとってもまた画期を成すものであるように見えた。読売新聞のある記事は次のように論評した。

大久保利通の死、森有礼の死、星亨の死、それぞれ時代の色を帯びた死であるが、安田翁の死のごとく思想的の深みは無い……それから思えば、安田翁の死は、明治大正にわたっての深刻な意義ある死である。

このような徹底的な変化は、テロリズムの種類にだけではなく、文化的水準においても見出された。例えば、俳人の中村草田男は、昭和六年（一九三一年）に、「降る雪や／明治は遠く／なりにけり」と詠んだ。この有名な句は、作者の同時代的な視点から見て、彼の現在と明治時代の間に、ある種のギャップが存在しているように思われたのだということを示している。明治三四年（一九〇一年）に生まれた中村は、この句を東京の青山で詠んでいる。そこは彼が一〇歳の頃から住んでいた場所である。中村が認識したギャップは、明治期の終わりから、昭和期の初めの間に位置するだろう。この事実は、日本でナショナリズムが誕生した明治期と、ウルトラナショナリズムが展開した戦前の昭和期との間に、何かが決定的に変化したのだということを示唆している。日本のウルトラナショナリズムとは一体何なのだろうか？

ナショナリズムの本質

私は、明治ナショナリズムから昭和ウルトラナショナリズムへの変移にある性質上の変化について説明を試みたい。なにゆえ、またはどのようにして、前者は後者へと大変動を遂げたのか。まずわれわれは、ナショナリズムの原初的な形態を定義せねばならない。

ナショナリズムの本質は、普遍性と特殊性の混合である。言い換えれば、普遍性を志向する社会規範が、ある特殊な共同体に定着したとき、しかもその特殊性についての人々の自覚をともないつつそうなったとき、共同体はネーションとして確立されるのである。アンダーソンの議論を引いてすでに示したように、ネーションとは、特定の諸個人を取り巻く、直接的な社会関係のローカルなネットワークを越えて（あるいはそれとは無関係に）拡大された空間である。ネーションは、ローカルな共同体を越えた全体的な領域に妥当する普遍的な規範との関係において、その構成員にとっては、均質な空間であるように見える（ネーションのこのような性質とは逆に、ローカルな共同体における人々の結びつきは、直接的な社会関係の蓄積から成り立っている)。同時に、いかなるネーションも、他のネーションから区別され限定された固有の領域である。人々は、自分たちの規範が、彼ら自身の固有の領域を越えて妥当すると期待することはできない。観念的な水準においては、普遍的な有効性を志向する規範は、実際には、ネーションの特殊な領域に留め置かれる。ネーションの普遍的な志向は、常に特殊な制限と矛盾するのである。つまり、ネーションの特殊性は、ある種の必要悪として、普遍的な規範に課せられたものなのである。

われわれは、日本が、抽象的な天皇の身体を媒介にすることで、国民化されたと論じてきた。社会的規範が帰属する超越的な身体の抽象化は、ローカルな共同体を越えて、規範が普遍的なものになるために、避けられない代償なのである。全体的な空間を支配するものと見なされた抽象的な身体だけが、普遍的な規範を保障することができる。しかしながら、ネーションの規範は、普遍性と特殊性の両方の結果であるために、規範を保障する超越論的な身体は、抽象的なものと具象的なものの間の中間物となるのだ。このような過渡的な性質は、フジタニが分析した一九〇六年の凱旋大観兵式の石版画によって明示されている。たとえば、石版画のひとつは、天皇の馬車が見物の群集の間を通過する様子を描いている。しかし、柳の木の伸びた枝が垂れ下がっていて、天皇の姿はこちらからは見えない。見えるのは、そのシルエットだけである[6]。この石版画は、直接的で具象的な天皇の現前を否定しながら、それでもなお、天皇の身体が枝の向こうに見えるために、間接的にはその具象性を肯定している。

したがって、われわれは西洋のナショナリズムと日本のナショナリズムとの相違を、強調し過ぎないように注意せねばならない。たとえ、前者は、絶対君主制を克服することでネーションを確立し、後者は、君主制を再建することによってネーションを確立させたのだとしてもだ。なぜなら、日本の天皇制において、天皇の身体の具象的な現前は否定されているのだから。

抽象化された天皇の身体が位置している超越的審級から見れば、日本人は、同質的な国民であるように見える。神の目にも類比しうる超越的な視点を、すべての国民が引き受けることができたとき、国民化は確立されるのである。このことは、国民化と俗語文との間にある並行的な関係によっても支持される。というのも、俗語文の文体によって、国民は、彼らもまた超越的な視点を引き受けることができるのだということを、すんなりと確信できたからである。日本では、俗語の文体を確立しようとする努力は、言文一致運動と呼ばれた。しかしながら、俗語文は、単に話し言葉の模倣であったわけでは決してなく、むしろ全く新しい文体だったのである。多くの作家が試行錯誤を繰り返したのち、俗語文学は確立された。野口武彦によれば、日本語の助動詞のひとつである「た」が、ほとんどすべての文の最後に付け加えられるもっとも一般的な助動詞として導入されたとき、俗語の文体が確立された。[7]「た」は、過去完了時制を構成する。この「た」を用いることで、作者は、物語が完了した時点に位置する、全知の視点を引き受けることが可能なのである。したがって、彼あるいは彼女は、このような視点から遡及的に、物語の展開を語ることができる。この視点は、超越的な視点に相当するものである。たとえば、神は一連の出来事の全体を知っているので、論理上、神の目は、全歴史が完了した時点に置かれる。上で述べたように、二葉亭四迷の『浮雲』は、俗語で書かれた最初の小説であった。『浮雲』の最初の篇では、「た」は非常に少なく、作者の視点は小説の登場人物へシフトしている。しかし、最後の篇では、二葉亭は、「た」を頻繁に用いたのである。このことによって、彼はすべての登場人物を同時に見渡す位置を占めることができた。つまり、日本の俗語文体は、空間の普遍的な均質性を把握する超越的な視点を、作者に与えたのである。

ナショナリズムは、社会的な規範を、普遍的なものとして確立しようとする欲求によって規定されている。定義上、普遍性は、差異を含んだ自己同一性を含意する。日本の初期の民俗学研究は、そのようなナショナリスティックな欲求の産物であると見なすことができる。日本の民俗学研究の祖である柳田國男は、日本人の起源は、沖縄の南島にあるという理論を提唱した。柳田にとって、南島は日本の外部にありながらも、日本以上に日本であったのだ。この理論は、ナショナリズムの欲求に関する言説において演じた役割という観点から見直されるだろう。ひとつのネーションとして、日本は差異を含んだ同一性を保持しなければならなかった。柳田にとって、日本と沖縄との差異は比較的小さなものであり、それは日本の国民的同一性の中に包括されるものであった。国民的同一性を確立するために、ネーションは相対的な差異を必要とする。実際、柳田は南島に関する彼の理論を形成するかたわら、日本の同質性の観念を支持する概念を考え出した。この新たな概念とは、「常民」という観念である。国民の同質性は、天皇の抽象的な身体によって象徴的に占められた超越的な視点からのみ見ることが可能なのである。

柳田は学者であっただけではない。彼はまた、法制局参事官として日韓併合を推し進める責務を担っていた。しかし、平和的な同盟を生み出そうとした彼の願いは、日本からの独立を求める朝鮮人の反乱によって挫折させられた(一九一九年の三・一独立運動)。村井紀は、精神分析的な観点から、柳田による南島の発見が、韓国の代償であるとし、柳田にとって、南島は、韓国が転移したものに過ぎないと論じている。[8] もし村井の議論が有効なものであるなら、韓国(および台湾)の植民地化は、ナショナリズムの機制によって規定されていると推論できる。言い換えれば、植民地化の過程は、おそらく、柳田の南島に関する理論を支えているものと同じ欲求によって稼動されていたのだ。

2　国民の天皇

ナショナリズムとウルトラナショナリズムのギャップ

私は、明治ナショナリズムと昭和ウルトラナショナリズムの間には、性質上の差異があるという仮説を示してきた。まずは、このふたつの時代を隔てるギャップが生じたのは、正確にはいつであるかを確認したい。大変動が起こったのはいつなのか？　ふたつの時代を分け隔てる境界はどこにあるのか？

橋川は、このギャップを、一九一八年の夏に起こった米騒動の頃に置いている。米騒動は、大きな社会変動を暗示する最初の徴候であった。実際、大阪朝日新聞の有名な記事（一九一八年八月二六日付）は、変化の予感を次のように表現している。

　金甌無欠の誇りを持った我が大日本帝国は、今や恐ろしい最後の裁判の日に近づいているのではなかろうか。〈白虹日を貫けり〉と昔の人が呟いた不吉な兆しが、黙々として肉叉を動かしている人々の頭に雷の様に閃く……。

元首相の大隈重信は、国民が危険な発達の道程にあり、彼らの心理には一大変化が生じつつあるといった趣旨の上奏を行った。米騒動が引き金となった社会変動は、ウルトラナショナリズムへと通じるものである。実際、極右団体であり、のちに「昭和維新の人的な貯水池」と呼ばれた老壮会は、これと同じ年に創立された。[9]
米騒動は単に国内的な事件であったのではない。それは国際情勢や第一次世界大戦と密接に関連するものであった。日本での米の価格の急騰は、大戦によるところの、ひとつの結果である。ムッソリーニに率いられたイタリアのファシズムは、ほとんど同じ頃に創始された。米騒動に象徴されるギャップは、一連の国際的変動の一部であったのだ。
先に、昭和のテロリストのイメージは、明治のテロリストのイメージと異なるということを示唆した。社会学的な観点から見て、そこには、どのような差異が確認できるだろうか？　とりわけ目立ったふたつの点がある。[10]ひとつには、暗殺の標的の違いである。明治時代には、標的は政府の高官にかぎられていた。一方、昭和において、標的の範囲は拡大した。昭和には、特に、財閥の当主がテロの標的に含まれていたのである。このことから分かるのは、昭和のテロリズムが、政府を狙ったものであるだけでなく、資本主義を狙ったものでもあったということである。ふたつ目の重要な差異は、主体と彼らの社会階級に関わるものである。明治には、テロリストとその犠牲者は、しばしば士族間の敵対者同士であった。言い換えれば、テロリストの社会階級は、彼らの標的が帰属するところと同じ統治階級であった。これとは対照的に、昭和では、異なる種類の階級意識が見られるのである。たとえば、朝日平吾は、「吾人ハ人間デアルト共ニ真正ノ日本人タルヲ望ム」と遺書に書いた。彼は自分自身がなんらかの社会階級を代表しているとは考えなかった。彼の考えでは、彼は階級秩序の外にいたのである。言い換えれば、昭和のテロリストは、彼らが政治において代表されていないと感じていたのだ。朝日の遺書は、一八七八年に大久保利通を暗殺した者らによって表現されたような、統治階級の成員としての明確な自意識と対照をなすものである。たとえば、彼らは次のように書いた。「仰いで天皇陛下に上奏し、俯して三千有余万の人衆に普告す」。

「天皇の国民」から「国民の天皇」への転倒

言うまでもなく、ウルトラナショナリズムの中心は、天皇に対する献身である。ここでは、ウルトラナショナリストの目に映った天皇の性質を分析しよう。明治のナショナリストたちの天皇との関係と、昭和のウルトラナショナリストたちの天皇との関係とでは、それらにどのような差異が見られるだろうか？　久野収は、多くのナショナリストにとって、天皇は伝統の象徴であったが、ウルトラナショナリストにとって、天皇は革命の象徴であったことを指摘している。[11] 革命を象徴する天皇とは、どのように特徴づけられるだろうか？

北一輝は、日本のウルトラナショナリストのなかでも、最も重要な思想家であり、また他のウルトラナショナリストに対しても非常な影響力をもっていた。とりわけ、彼の『日本改造法案大綱』は、後のウルトラナショナリストにとってのバイブルと考えられた。他のウルトラナショナリストによれば、北は、ずば抜けた天才であったという。久野は、なぜ『日本改造法案大綱』が、他のウルトラナショナリストにとってバイブルであったのかという理由を要約して、次のように述べている。

伊藤（博文）の作った憲法を読みぬき、読みやぶることによって、伊藤の憲法、すなわち天皇の国民、天皇の日本から、逆に、国民の天皇、国民の日本という結論をひき出し、この結論を新しい統合の原理にしようとする思想家が、……北一輝であった。[12]

問題を解く鍵は、天皇の国民（ナショナリズム）から国民の天皇（ウルトラナショナリズム）への転倒にある。つまり、天皇の国民という観念は伝統を象徴し、国民の天皇という観念は革命を象徴するのである。久野は、この転倒がそれ自体、先行するものの発展に基づいているとしている。彼の理論によれば、ウルトラナショナリズムは、ナショナリズムが急進化されたことによる、逆説的な結果であるということだ。しかし、国民の天皇とは何なのか？　そして、それは天皇の国民とどのように異なるものなのか？

ウルトラナショナリズムの中心的な観念は、国民は天皇の赤子であるというものである。このような天皇をイメージする手がかりが、青年将校の次のような告白によって示されている。

天皇陛下を迎えての大宴会は桐生小学校の校庭で行なわれた。天皇が宴会場に現われたとき、参列者全員は最敬礼で迎えた。会場は水を打ったように静かであった。私が最敬礼をしながらフト思ったことは、天皇を目の前にお迎えしてなぜ万歳をとなえないのか、こういうときこそ万雷の拍手と、天にとどろく万歳の声が叫ばれていいのではないか……ただかしこまってひれ伏すのみである。どこか間違っている。天皇を雲の上にまつり上げて、雲の下では勝手なまねをしている現状が今日の日本である。これが妖雲だ。この妖雲を一日も早く切り開いて真の日本の姿を現出しなければならない――ということであった。……私らは東京における会合の席上で、よく話し合ったことがあった。〈妖雲を払い除いた暁は、天皇に二重橋の前にお出でいただいて、国民といっしょに天皇を胴上げしようではないか〉。この気持ちは、私ら青年将校間の全部の、偽らざる気持ちであった。[13]

熱烈なウルトラナショナリストであるこの青年将校は、天皇を出迎える際の態度を非難する。このような非難は、「天皇の国民」と「国民の天皇」との差異を反映している。非難された天皇の在り方は、伝統的な天皇（天皇の国民）に相当し、将校が望む天皇像はウルトラナショナリズムの天皇（国民の天皇）に相当する。一方で、天皇は雲の上の超越的存在として、われわれが厳粛に頭をたれて崇拝せねばならないような「天皇の国民」における天皇である。他方、「国民の天皇」は、われわれの喜びを率直に伝えることができ、胴上げさえできるような、親密な天皇である。「天皇の国民」における天皇は、国民との間接的な関係によって特徴づけられる。これとは反対に、「国民の天皇」における天皇にとって重要な点は、天皇と国民との間の親密さと直接性なのである。したがって、国民は、彼らを天皇から遠ざけている妖雲である中間的障害物を取り除かねばならないと考えたのである。問題は、なぜ、あるいはどのようにして、「天皇の国民」が、「国民の天皇」へと反転させられたのかということである。

まずは、天皇が「国民の天皇」として概念化されることとなった反転の過程の始点を確認せねばならない。もちろん、明治ナショナリズムにおける天皇の原型像は、明治天皇の像である。彼は「天皇の国民」としての天皇の典型的な像である。明治天皇が崩御した際、日露戦争の国民的英雄である乃木将軍が殉死した。近代日本において最も影響力のある小説家であった夏目漱石は、この事件に深い衝撃を受けた。事件のあと彼は、有名な小説『こころ』を書いた。そのなかで、登場人物のひとりである先生は、次のように言っている。

すると夏の暑い盛りに明治天皇が崩御になりました。その時私は明治の精神が天皇に始まって天皇に終ったような気がしました。[14]

漱石にとって、明治の精神は、彼が同時代人であると感じていた明治天皇によって具象化されたものであった。

興味深いことに、漱石の小説には、汽車や鉄道に関する多くの記述が見られる。たとえば、『三四郎』の第一章は、すべて九州から東京への鉄道による旅の描写に費やされている。[15] 上で指摘したように、鉄道はナショナリズムに最もふさわしい輸送手段であった。漱石の『草枕』（一九〇六年）では、語り手は汽車について論じ、汽車が見える所が現実世界であり、汽車ほど二〇世紀の文明を代表するものはない、と述べている。[16] このように汽車について論じたあと、ふたりの登場人物は汽車で旅に出る。しかしながら、重要なのは、彼らの乗る汽車の鉄道が、もはや日本という国家の領域に限定されていないということである。当の鉄道は、満州へと通じている。そこで、登場人物のひとりは財を築くことを望み、もうひとりは戦争に参加せねばならないのである。実際、『草枕』が発表された二ヵ月後には、南満州鉄道株式会社（満鉄）が設立された。国境を越えて鉄道が展開されることは、原初的なナショナリズムおよび近代日本における原初的な天皇像からの逸脱を示唆してはいないだろうか？

3　天皇なき国民

天皇なき国民

すべての社会は、人々が自分たち自身の社会をイメージするためのキー・タームをもっている。日本では、明治期から大正期へと移行するなかで、このようなキー・タームは明らかに変化した。明治期では、このキー・タームは「国家」であった。これが大正期では、「都市」になったのである。大正期には、アーバニズムに関する多くの書籍が出版された。政治的および行政的な水準においては、多くの重要な都市計画が作成され、実現された。たとえば、東京では上下水道が設備され、文部省は、大都市に焦点をあわせた生活様式の改革運動を、国家規模で奨励した。要するに、大正期は、都市の時代であったのだ。

大正は、明治ナショナリズムと昭和ウルトラナショナリズムを連結する媒介的な段階であった。ナショナリズムからウルトラナショナリズムへの変移を説明するためには、大正期の一般的概観をえることが役に立つ。大正期は、天皇の国民という状況から、国民の天皇という状況への変移の謎を解くための鍵を与えるだろう。

大正三年（一九一四年）、東京大正博覧会が上野公園において、三月二〇日から七月三一日まで開催された。もともと日本政府は「日本博覧会」を開催する計画であったのだが、財政上の制限のために中止された。そのあと、東京府政は日本政府から行政的権限を引き継いだのである。出資におけるこのような変化は、国家の時代（明治）が、都市の時代（大正）へと転換したことを象徴している。博覧会の目的のひとつは、大正天皇の即位を祝うことであった。博覧会は大成功をおさめた。そこでは、二つの石膏像が、多数の見物人を魅了した。[17]

石膏像のひとつは、渡辺長男が作製した乃木将軍のものである。見物人はそれを見て、明治天皇を連想したに違いない。もうひとつの像は、無名の作家が制作した葦原将軍のものであった。葦原将軍とは、当時国民の間で非常に人気のあった巣鴨病院の精神病患者であった。一八八一年に、明治天皇が東北地方を巡幸したとき、この患者は天皇に向かって、「やあ、兄貴」と言いながら近づいた。この逸話は当時非常に有名なものとなった。この逸話が示しているように、マスメディアは、彼を「将軍」と呼ぶことで、彼と天皇とを区別することに努めたのだが、葦原将軍は、自身のことを天皇（あるいは皇族の一員）であると考えていた。したがって、彼を「葦原天皇」と呼ぶことも可能だったのである。われわれは次のように言うことができる。つまり、当時の人々にとって、葦原将軍は、病にかかっていた本物の天皇である大正天皇に相当する身代わりであったに違いないのである。もし葦原将軍が大正天皇に相当するものであったとすれば、博覧会で、もっとも人気のあった二つの石膏像は、明治から大正への天皇の交代を表していたのだ。

葦原将軍は、重い病にかかっていた。彼の人生はまったく惨めなものであっただろう。たとえ彼が天皇に相当するものとして見られたとしても、彼は天皇が普通もっているであろう威厳や気高さに欠けているように思われた。言い換えれば、彼は明治天皇がもっていた権威を欠いているように見える。しかし、世間一般が想像する彼は天皇と同等であり、決して嫌われることもなく、むしろ国民から愛されていたのである。したがって次のように言うことができるだろう。当時、国民は権威をもたないかぎりでの天皇を、あるいは、現実性や実在性の感覚をほとんど与えないかぎりでの天皇を要請したのである。近代日本の天皇のなかでも、大正天皇のイメージは、国民にとって最も希薄なものである。今日の日本人でさえ、明治天皇や昭和天皇の姿を思い浮かべることはできるが、ほとんどの者は、大正天皇の容貌の印象をもたない。もちろん大正天皇のイメージが希薄であるのは、病気のため公に姿を現すことがめったになかったことと、他のふたりの天皇に比べ、その在位期間が短かったという事実がある。しかしながら、葦原将軍の人気が示しているのは、そのような天皇は、世間一般が望んだものであったかもしれないということである。大正時代における天皇の希薄性は、自然な事実であるだけでなく、社会的な事実でもあるのだ。

天皇を取り巻くこの現実性の欠如が、大正期の特徴である。大正期の思想は民主主義によって占められていた。民主主義のもっとも重要な唱道者は、吉野作造である。彼は、民主主義に関する自身の考えを「民本主義」と呼んだ。民本主義は、民主主義の本来の概念とは、いささか異なるものである。民本主義は、天皇の形態をとった単一の主権者を随伴した民主主義である。大正期における民主主義の支持者は、天皇制を廃止しようとは意図しなかったのだ。しかしながら、民主主義が意味するのが、国民に主権があるということであるなら、民本主義の考えは、民主主義が含意する平等の原理と矛盾するのではないか？　このような矛盾した思想が受容されたという事実は、当時、国民が、あたかも天皇は存在しないかのように感じていたということを意味するに違いない。国民は、天皇の現実性をほとんど無視することができた。このことから、われわれは次のような仮説を立てることができるのである。つまり、「天皇の国民」という状況から、「国民の天皇」という状況への変移の過程において、「天皇なき国民」という媒介的段階があったのだということである。

しかし、これは非常に奇妙なことのように思われる。一般的に、ウルトラナショナリズムは、天皇に対する狂信的で分別のない献身をともなうものであると考えられている。もちろん、そのような献身をともなうことで、国民は、明白な天皇の尊厳を信じていたに違いない。なにゆえ、そのような天皇に対する強烈な献身の段階の直前に、天皇に対する無関心ともいえるような段階があったのだろうか？　「天皇の国民」という状況から「国民の天皇」という状況へと変移するなかで、「天皇なき国民」という段階が演じた役割とは何だったのか？

大正期における近代的権力

このような問題に答えようとする前に、「天皇なき国民」といったものの社会的インパクトに注目しつつ、「天皇なき国民」が何を意味するのかを理解すべきである。天皇が現実性を欠いているということは、天皇の身体が抽象的な性質を帯びているということに他ならない。天皇の身体が十分に抽象的なものになったとき、その具象的な現前は重要性を失い、国民にとっては疎遠なものとなる。したがって彼らは、あたかも具象的な天皇が存在していないかのように振舞うのである。天皇をともなわない国民の状態は、天皇の身体が極めて崇高なものとなった結果、ラディカルな抽象化を経たときに初めて現れることが可能である。確かに日本では、ネーションを創出するためには、天皇の身体は、ある程度まで抽象的なものにならなくてはならなかった。しかし、明治ナショナリズムの場合、天皇の身体は抽象性の極限と具象性の極限の間の過渡的な水準に位置していた。大正期において、天皇の身体に関する具象的なものの残滓は、ほとんど（完全にではないが）取り除かれたのである。大正期において、天皇の身体がラディカルに抽象化された結果とは、どのようなものだったのか？

規範が帰される超越的身体の抽象化の水準は、それ自体、ネーションの規範の普遍化の水準と相互に関連していることは論じた。天皇の身体の抽象化は、規範の普遍化とパラレルなものであったに違いない。実際、大正期の思想に関する知的言説は、普遍的価値に関する主題への強い信仰を表現している。たとえば、「人類」、「世界」、「文化主義」などである。[18] 先に述べたように、これらの主題のなかでも、民主主義はもっとも重要な役割を演じた。実践的な水準では、それは普通選挙のための社会運動を支持するものとして用いられた。大正期を通じて、普通選挙の問題は、公衆の関心の中心であった。民主主義の目的は、政治的決定を特定の団体による独占から解放することである。大正期の終わりには、普通選挙を認可する法案が国会を通過した。もちろん、実際には、この法律は完全に普遍的な選挙権を考慮したものではなかった。女性はそこには含まれなかった（一九四五年まで）。しかし、女性の選挙権さえ、すでにこの段階で論題にはあがっていたのである。

ここでわれわれは、ミシェル・フーコーが『監獄の誕生』で展開した有名な議論を想起すべきである。フーコーによれば、権力の近代的な様態とは、それぞれの個人を主体化する規律訓練型権力である。権力が、継続的、普遍的に、個人をその照準と定めえたのは、権力の起源が完全に抽象化され、いかなる実在の主人によっても占められる必要がなくなったからである。大正期において、天皇の身体がラディカルに抽象化されたとき、近代日本の権力の様態は、フーコーが記述した権力の理念型に漸近するように見えるだろう。実際、大正期の思想は、個人を主体として発見することを含んでいる。典型的な例は、ここでもまた、個人に仮想的な私的主権を与える試みである民主主義の思想である。

フーコーは、独房（個室や独居房）を規律訓練型権力のメタファーと見なした。監獄におけるような孤独な監禁状態のなかで、諸個人は抽象的で普遍的な権力の下、近代的主体となるのだ。フーコーの理論の観点から見ると興味深いのは、どのようにして個室が、思想と実践の双方の水準において、大正時代の多くの言説の主題となったかということである。[19] 多くの思想家が、個室の美徳を賞賛した。たとえば、ベストセラーとなった『三太郎の日記』(阿部次郎著、一九一四年)のなかで、三太郎という名前の登場人物は、互いに独立した個室は、思想や芸術または文明にとって最も適したものであり、個室のある家は、日本の未来の住居となるべきだと主張している。実践的な水準では、日本の歴史において、初めて大都市にアパートが登場したのが、大正時代のはじめであったという事実に注目せねばならない。アパートのセールスポイントは、それらが鍵つきの個室であるということだった。個室における都市生活は、「蜂窩《ほうか》生活」と呼ばれ、この概念は流行となったのである。

したがって、社会的規範の普遍化に関係した天皇の身体の抽象化の結果は、個々の主体の成立であった。今や、なぜ「都市」が大正社会の全体を理解するためのキー・タームであったかということが分かるだろう。近代的権力は、諸個人を、普遍的に無差別に主体化しようとするということは論じた。もしこのことが本当ならば、社会は、潜在的には互いに争い合う自律的な主体の一群として現れるだろう。そのようなイメージに合った現実の社会空間が、都市なのである。

4　資本主義としての哲学

広義の資本主義

「天皇なき国民」を経由した「天皇の国民」から「国民の天皇」への転倒の機制を説明するには、この過程のターニング・ポイントに特に注目せねばならない。一九二〇年代前後に決定的なギャップが存在したことはすでに見た。このギャップはもちろん、第一次世界大戦の終結と関係している。第一次世界大戦の終結の意味とは何なのか？　このことは、世界資本主義システムにおける、ヘゲモニーの中心の移動として理解することができる。簡単に言えば、世界システムは中心と周辺から構成されている。一九世紀には、その中心は西欧、とりわけイギリスであった。大戦が終結した後、中心は合衆国へと移った。しかし、アメリカ人たちは、自分たちが得た新たな地位を認識しなかった。アメリカ国民が自国の地位についての認識を欠いていたことは、彼らが国際連盟に参加しないことを選択したという事実によって示されている。このことは、世界システムの中心に、一時的な真空状態をもたらした。それは、最終的に、一九二九年の株式市場のパニックから始まる世界規模の不況を引き起こしたのである。世界中でファシズムが誕生したのは、一九三〇年代を通してであった。これは、不況の時代と一致していた。日本では、この時代を、「昭和維新」と呼び、明治維新の精神の復興として考えたのである。

したがって、ファシズムの社会的、経済的な背景には、資本制における前例のない危機があったのである。言い換えれば、資本制の行き詰まりが、ナショナリズムからウルトラナショナリズムへの変移に関係していると考えられる。理論面での、ウルトラナショナリズムに関わる最も洗練された表現は、いわゆる「京都学派」によって提示された哲学である。私は、この哲学が、深いレベルで資本制のダイナミズムと関連していることを示したい。しかしながら、まずはじめに、資本制と一九三〇年代の危機が関わるものについて考察せねばならない。

第一次世界大戦後、通常の経済への回復は、戦時中には保留されていた金本位制への復帰によって象徴されていた。昭和五年（一九三〇年）に、日本は他国から少し遅れて、金本位制に復帰した（金解禁）。金は、貨幣の価値を最終的に保証するものであった。しかしながら、大恐慌は、金本位制を不可能なものとし、最終的に金の権威を完全に失墜させたのである。

一九二〇年代は、アメリカが経済的な繁栄を謳歌した黄金時代であった。恐慌の直接的な原因は、アメリカが西欧に投資していた資本の（アメリカへの）引きあげを促進する結果となった、アメリカの利己的な低金利政策であった。この政策が示しているのは、アメリカが世界経済における自身の影響力を認識していなかったということである。言い換えれば、アメリカは、自身がすでに世界資本主義システムの中心にあるということを理解していなかったのである。

資本制のダイナミズムは、単に経済的な水準においてだけでなく、社会学的、文化的な水準においても機能していたのだということを理解するために、われわれは資本制の定義を拡大せねばならない。資本制は、経済的現象に制限されるものではなく、社会学的現象としても機能するのである。したがって、私は、このようなより広い意味において資本制を再定義し、これを〈資本制〉と表記したい。

まず、私は、「経験可能領域」というタームを導入したい。すべての行為や体験は、規範との肯定的（有効的）あるいは否定的（非有効的）な関係に立つかぎりで、可能なものとなる。経験可能領域とは、規範によって可能となる行為や体験の集合である。神のような超越論的審級は、ひとつの社会において社会的規範を確立し、正当化するものとして機能する。日本のナショナリズムの場合、もちろん、このような審級は天皇の身体によって占められている。各々の経験可能領域は、規範を保障する超越論的審級と関連している。

〈資本制〉は、経験可能領域を普遍化する社会的ダイナミズムであると定義することができる。言い換えれば、それは、経験可能領域を、より包括的なものへと、次々と置換していくダイナミズムである。したがって、〈資本制〉においては常に、ふたつか、あるいはそれ以上の異なる経験可能領域が同時に存在している。決定的な点は、これらふたつの領域が、異なる時間の様態に属しているということだ。つまり、より特殊なものは、現在の顕在的な領域に属し、より普遍的で包括的なものは、未来の潜在的な領域に属しているのである。後者の領域が前者に比べより普遍的で包括的である理由は、前者が後者の一部として見なされうるからである。それゆえ、規範的な経験可能領域を普遍化する過程とは、このふたつの観点の関係が、繰り返し再生産されることである。なぜ〈資本制〉がそのように定義できるかは、ここで仔細に説明することはできない。しかしながら、次のことを指摘しておきたい。つまり、いわゆる剰余価値は、現在の経験可能領域と未来の経験可能領域を交換することで出てくるのだということである。剰余価値は、経済的水準において、資本制を稼動させる要因である。マルクスが書いたように、剰余価値は盗みではない。市場では等価交換だけが認められている。剰余価値はどのようにして等価交換から出てくるのか？　その秘密は、ふたつの異なる経験可能領域があるということである。各商品の価格は、経験可能領域において評価される。剰余価値は、ひとつの領域内の交換から出てくるのではなく、ふたつの異なった領域間の交換から出てくるのである。

すでに示唆したように、経験可能領域の普遍性は、その領域に規範を吹き込み、領域の同一性を決定する、超越的な審級の抽象化の水準と関係している。領域が普遍的なものになればなるほど、超越的な審級はより抽象的なものとなる。明治期から大正期にかけて、天皇の身体がより抽象的なものになったことはすでに論じた。古典的な天皇の巡幸が、東京で執り行われる皇室行事に取って代わられ、日本の社会が国民化されたとき、天皇の身体は、すでに抽象化されつつあった。しかし、極めて希薄な存在感しかもたなかった大正天皇の身体は、それ以上に（大正期の社会が、いかなる天皇も戴かずに存在したように見える程度に）抽象的なものとなったのである。私は、この抽象化の過程が、先に説明した〈資本制〉システムの発展と対応していると考えるのである。

田辺による「種の論理」

京都学派の哲学は、〈資本制〉を表現した形態のひとつとして解釈することが可能である。京都学派は、昭和期、戦前から戦中にかけて多大な影響力を持ち、しばしばウルトラナショナリズムの政策や、海外への侵略行為を支持した。

京都学派の研究者たちにとって、ヘーゲルは論敵であり、とりわけ田辺元の場合がそうであった。田辺の哲学は、「種の論理」と呼ばれる。田辺によれば、哲学はすべて推論から成り立つという。彼にとって、推論は、概念による媒介であった。したがって、すべての推論は、対象の概念化（あるいは判断の過程）に還元される。判断を経ない直観のような直接的なものは、哲学的認識をなすものとは考えられない。田辺は、論理は絶対媒介から成り立たねばならないと主張した。もちろん、いかなる論理も、媒介されていないものを前提とせねばならない。それゆえに、直接的なものは完全には除外することができない。しかし、直接的なものもまた、媒介の自己疎外（媒介することができないもの）であり、したがって媒介の結果なのである。種の論理は、媒介の絶対的優先性から出てくるのである。ヘーゲルの論理は、「個・種・類」あるいは「個別・特殊・普遍」というトリアーデを立ち返り適用する。このトリアーデにおいては、種が媒介としての役目をする。田辺の観点からすれば、ふたつの極限を直接的に把握することはできない。媒介的レベルとしての種が、意味のある判断を可能にするのである。

田辺は、この抽象的な論理から実践的含意を引き出している。彼は、この論理を社会の原理としてとらえ、適用した。そこでは、類は人類であり、個は諸個人であり、そして種が国民である。「私は私である」や「私は人類である」によって示される認識は、実際には何の意味もない。前者は同語反復的な言明であり、後者は、「私」によって引き受けられる、いかなる種類の道徳をも含意しない。一方で、「私は特定の共同体(あるいは国家)の成員である」といった自意識は、田辺にとって意味のあるものだった。なぜなら、このような自意識によってのみ、人々は自分たちが従うべき規範を想起することができるからだ。もちろん、上のような要約は、田辺の思想を簡略にしたものである。田辺によれば、種への献身を通して、諸個人は自分たちの種の特殊性を否定し、類の普遍性に到達することができるという。なぜなら、もし個人が主体的に種への帰属を選択するなら、そのとき、種は彼あるいは彼女らが思いのままに取り除くことができるカテゴリーとして現れるからだ。

田辺の種の論理は、非常にナショナリスティックで、一見すれば、ウルトラナショナリスティックにさえ見える。実際、田辺は、しばしばウルトラナショナリズムの政策を支持する見解を表明した。

しかしながら、他の京都学派の哲学者たちと比べて、彼は時には、ウルトラナショナリスティックな思潮から距離を置こうとした。おそらく彼の哲学は、ウルトラナショナリスティックであるよりも、ナショナリスティックなものとしてよりよく特徴づけられるだろう。

田辺の種の論理は、〈資本制〉の機制と共鳴している。〈資本制〉は経験可能領域の普遍化である。言い換えれば、〈資本制〉は、特定の社会関係の部分を形成し、特定の共同体に属することで規定されている個人の特殊な属性を還元し、取るに足らないものにするのである。〈資本制〉は、人類を共同体の束縛から解放することができる。マルクスは、このような側面を、「資本の文明化作用」と呼んだ。〈資本制〉による普遍化は、終わりのない過程である。それは、常に個人を包括的な普遍性へと解放しようとするのである。言い換えれば、〈資本制〉の普遍化は、常に不完全であり、常に個人を特殊な経験の領域に置き去りにするのである。普遍化は決して極限まで押し進められることなく、常に特定の水準に留まり、特殊な経験可能領域を生み出すのだ。種としての人類を、極限の特殊（個）と極限の普遍（類）との媒介として考えた田辺の哲学は、〈資本制〉の機制に対応している。田辺が主張した媒介は、〈資本制〉が必然的に人類に与える位置と等しいのだ。特殊性への献身を通して、個人は普遍的なものに参入することができるという田辺の考えは、普遍性を志向しながらも、常に特殊な水準にとどまる〈資本制〉の運動のダイナミズムに関する正確な表現なのである。

田辺の哲学は、（ウルトラナショナリズムよりもむしろ）ナショナリズムに対応し、彼の論理は、

〈資本制〉の機制を反映している。このような事実は、ナショナリズムの出現が〈資本制〉のダイナミズムと関係していることを示している。われわれは、次のように推測することができる。ネーションは、特殊な共同体（エスニック・グループのような）への献身と、〈資本制〉の普遍化する潜勢力との均衡の結果であるということだ。この意味において、ネーションは、種のひとつの例として、媒介的水準として機能するのだ。この点に関して、問題は、普遍的なものと特殊なものとの均衡が崩れたとき、何が起こったのかということだ。われわれは、ウルトラナショナリズムが、これが崩壊したときに、続いて起こった危機に対処する試みを表していることを理解するだろう。

西田による場所の論理

京都学派のなかで最も有名で独創的な哲学者である西田幾多郎の哲学は、この問題に答えるための手助けとなるだろう。彼は、田辺の種の論理が哲学的言説から締め出した極限を考えようとした。この点において、西田は田辺以上にラディカルである。逆説的なことに、種の論理は、媒介の過程に縛られていたために、かえって直接的なものを前提せねばならなかった。つまり、単一性（個）という直接性や、普遍性（類）といった直接性である。これらは、田辺の議論では除外されていた。しかしながら、それらは、問われないかぎりで、種の論理に一貫性を与える直接的な（つまり主題化されざる）前提をなしていた。この前提について論じたのは、唯一西田だけであった。田辺の哲学の構造が、〈資本制〉のダイナミズムを反映していることはすでに確認した。田辺の議論からは除外されていた極限の普遍性とは、盲目的な〈資本制〉のダイナミズムが目指した、仮想的な目標であった。もしそうであるなら、西田の哲学は、〈資本制〉の到達点を前もって明示するだろう。彼の論理は、〈資本制〉の普遍化が極限に達し、ネーションへの特殊な愛着と普遍化へ向かう潮流との均衡が破壊されたとき、何が起きるのかということに関する手がかりを与えてくれるかもしれない。

西田の態度は、彼独自のキー・コンセプトのひとつである「場所」の概念の観点によって表現されている。西田によれば、存在の構造は、「於てある」ということである。異なる存在物が互いに関係をもつのは、それらが同じものに「於てある」からなのだ。「於てある」ことを可能にする要因が、「場所」なのである。したがって場所は、すべての存在物の存在にとっての一般的な条件である。場所の概念を通じて、西田は極限の普遍性を考察しようとしたのである。

西田は判断の構造に関しても、同様の議論に従った。これは、田辺の議論と対照をなしている。西田にとって、判断あるいは、主語と述語の接続は、述語が示すより普遍的で包括的なカテゴリーへ、主語を組み込むものとして機能する。つまり、「個・種・類」のトリアーデにおいて、判断は、特殊な水準から普遍的な水準へと上っていく。このモデルの外延的な限界からすれば、われわれが、それ以上に包括的なカテゴリーを想定しえないようなもっとも普遍的な述語が存在せねばならない。この限界的な述語は、「述語となって主語とならないもの」である。西田はこれを「述語的一般者」と呼んだ。もちろんこれは、「場所」に対応するものである。

興味深いことに、西田によれば、同様の状況が、対照的な極限において見出されるという。特殊性あるいは単一性の極限は、普遍性の極限へと反転する。特殊性の外延的限界においては、「主語となって述語とならないもの」がある。西田は、この普遍性を「具体的一般」と呼んだ。このことで彼は何を意味しようとしたのか？　われわれは、ある個人が何であるかを規定するとき、この個人に様々な述語を与えることができる。しかしながら、どんな述語も、あるいはどんな述語の組み合わせも、この個人を完全に定義することはできない。たとえば、われわれは「彼は学生である」と規定する。しかし、学校を卒業しても、彼は彼のままである。この個人はまた、「彼は教師である、また船員でもある、などなど」といった仮定に基づく、どんな特定の述語をも受け入れることが可能である。彼はまさに彼のままでありながら、われわれはその彼について「彼がもし船員だとしたら……」といったことをいくらでも想定してみることができるからである。逆に言えば、「学生である」「教師である」「船員である」等の述語は、彼のまさに彼たる所以を規定することはできないということになる。したがって、この個人を完全に規定するためには、「これはこれである」と言う他にない。しかし、このような判断は機能しない。「これ」は、どんな述語をも、ひとつの可能性として受け入れることができる一般的Xなのである。このXが具体的一般である。単一性の「これ」が一般的でもある理由は、われわれが、「その場所に於てある」という事実の他に、なんら限定的なものを「これ」に与えることができないからだ。特殊性の極限において、われわれは再び場所の概念に立ち返るのである。認識（判断）の領域の限界において、極限的な普遍性がある。西田はこれを「判断的一般者」と呼んだ。西田はさらに認識を支える自覚の領域における極限の普遍性を定義して、これを「自覚的一般者」と呼んだ。最後に、彼は自覚を支える行為や表現の領域において同様の種類の普遍性を発見し、これを「表現的一般者」とした。

もしも、判断の構造を、行為の構造へと敷衍することが可能ならば、われわれは西田の議論を一般的実践に適用することができる。西田の哲学は、資本市場の性質と比較されるだろう。判断に関する西田の論理のなかで、極限的主語としての個は、どのような述語も与えられないX（「これ」）に還元された。資本市場において、商品（あるいは商品の所有者）は、これと類比した還元に従っている。ひとつの商品は、ある使用価値として特殊化される。しかし、市場では、その商品は交換価値として現れ、その使用価値としての側面は無視される。ひとつの商品は、交換の形態において、他の商品と関係することが可能であるために、それは普遍化されるのだ。したがって、市場は、西田が「場所」と呼んだものである。重要なのは、抽象的な仲介者である貨幣が、商品を交換価値へと還元するための不可欠な条件であるという点である。

西田に関するわれわれの解釈は、西田の随筆である「私と汝」（一九三二年）によって支持される。場所は規定されえない。したがって、西田によれば、場所は無である。個は、場所を自己言及的に自己限定することによって現れる。どのようにして場所の自己限定は可能であるのか？「私と汝」は、この問いに答えようとするものである。そのなかで、西田は場所を社会的な場所として見なしている。自己限定は自己と他者との対立的な関係において生じる。最初、場所はいかなる明確な構造ももたない。つまり、場所は共同体ではない。場所において、諸個人は、初めから特定の同一性をもつわけではない。しかしながら、他者との関係を通じて、個人は何ものかに成りうる潜勢力をもつのである。諸個人の間のそのような対立関係に基づいた典型的な場所は、市場にほかならない。上述した用語を用いれば、場所は、完全に普遍化された経験可能領域として規定されるだろう。

後年、西田は日本のウルトラナショナリズムを支持する著作を書いた。このことは、ハイデガーがナチズムに傾倒したことを想起させる。西田の態度は、ウルトラナショナリズムが、〈資本制〉の極限的な普遍化と関係していたことを示しているのだ。

5　昭和期のウルトラナショナリズム

神秘的な自我

私はここで、先に述べた様々な点を集約させたい。なぜ、あるいはどのようにして、原初的なナショナリズムは、ウルトラナショナリズムへと変質したのだろう。しかし、その前に、熱烈なウルトラナショナリストの典型的な経験を考察したい。この経験は、西田が論理的に説明しようとしたものを具象化したものとして、見ることができるかもしれない。

多くの熱狂的なウルトラナショナリストの経験は、自我の否定の、あるいはむしろ奇妙で神秘的な自我の経験を含んでいる。この経験においては、自我の同一性は拡散し、最後に自我は万物へと解消される。典型的な例のひとつは、血盟団[20]の指導者である井上日召の場合である。彼はかつて、座禅を組んでいたとき、奇妙で神秘的な感覚に襲われ、突然「日召!」と叫んだという。自伝のなかで、彼はそれが生涯の転機になったと書いている。彼は次のように書いた。

（無意識にニッショウ!　と叫んだのち）堂に入って、お題目を唱えていると、突然薄紫の、天地を貫ぬくような光明が、東の方からパッと通り過ぎた!　すると、なんだかひとりでに立上りたい気持になって、あたりを見渡すと、目につくものが、なにもかも、天地万物がことごとく一大歓喜している。

しかも、そのまま私自身なのだ、という感じがする。

宇宙大自然は私自身だ、という一如の感じがする。

……と思って、試みに、これまでの疑問を、今悟り得た境地に照らしながら、静かに繰返して考えて見ると、驚くべし、三十年間の疑問が、残らず氷解してしまったではないか!![21]

彼の歓喜は社会的なものも関わっている。ウルトラナショナリズムはしばしば物体との統一だけでなく、他者との統一をも感覚した。この統一の感覚や、社会的関係における直接性の感覚は、テロリスト集団における連帯意識の絆として作用した。血盟団のメンバーのひとりである小沼正[22]はかつて、「(私たちは)本当に仲が良い、それは和尚(=井上)があるからである[23]」と言った。2節で述べた天皇に対する直接性の感覚は、この統一の感覚とつながっている。北一輝と朝日平吾との神秘的な関係は、他者との極端な直接的関係のひとつの例である。北は、朝日の遺書を読んだとき、そばに座っていた書生の顔が、突然、微笑を含んだ朝日の顔に変わったと書いている。彼は朝日に会ったことはなかったのだが、それが朝日の顔に違いないと確信した。後に、新聞で見た朝日の写真は、変化した書生の顔と同じであったという。もちろん、これはある種の錯覚に過ぎないと考えられるだろう。しかし、重要なのは、そのような錯覚を引き起こした、この種の意識を認識することである。

最初に、この歓喜の感覚は、西田が理論的に説明したものを肉体的に実現したものだということを確認したい。西田によれば、単一な個は普遍的なものでもある。個はどのようなものでもありうる。

個は純粋な潜勢力であり、純粋な可能性である。「私は宇宙において、どのようなものでもある」、とりわけ「私は他者である」ということは、この論理的言明の字義通りの実現なのである。重要なのは、西田の哲学が、〈資本制〉が含意するものの極限の表現として解釈されうるということなのだ。〈資本制〉における規範の普遍化は、規範の有効性を保障する超越論的審級の抽象化をともなう。しかしながら、超越論的な審級が完全に抽象化されれば、それは無に等しいものとなるだろう。なぜなら、そのような抽象化は、それが現実的なものであるために不可欠な条件である具象的な特殊性を明け渡すことを意味するからだ。したがって、〈資本制〉の想像上の極限でわれわれを待ち受けているのは、超越論的な審級の真空状態なのである。超越論的な審級が喪失したとき、いったい何が起きるのだろうか？　自我の完全な解消の感覚、個人の自己同一性の喪失という感覚、それらが超越論的な審級の真空状態の結果として考えられうる。行為主体の間にある区別（各々の主体の自己同一性）は、規範が妥当なものであるための絶対条件である。それは、超越論的な審級の承認によって保障されている。それゆえ、いったん超越論的な審級が空虚になれば、諸個人の間にある基本的な区別は消え去るだろう。このことは、単一性と普遍性の同等性は無としての「場所」においてのみ実現される、とした西田の主張と一致するものなのである。

代表制の機能不全

大正期が「天皇なき国民」の段階として特徴づけられることはすでに論じた。言い換えれば、日本の社会は大正期において、超越論的審級の空無に近づきつつあったのだ。しかしながら、規範的な社会秩序を回復するために、超越論的な審級は何らかのものによって占められなければならない。これはどのようにして可能だろうか？

〈資本制〉の破壊的な潜勢力に対抗しうる候補のひとつは、共産主義である。大正末から昭和初頭までの期間、共産主義は日本の知識人の間で急速に広まった。日本共産党は、大正一一年（一九二二年）に創立された。ファシズムと共産主義は、資本制の過程を停止させ、社会的対立のない完全な調和を確立しようとする点において、同様の目的を共有していた。しかしながら、共産主義は資本制を克服することはできなかった。〈資本制〉によるラディカルな普遍化のもとで、共産主義は相対化され、その魅力を失った。それゆえ、多くの知識人が転向（共産主義からの）を余儀なくされた。橋川文三によれば、（戦前の）昭和の精神史を規定している経験の基本的なタイプは、最初は共産主義であり、それから資本主義への転向、そして最後には、日本浪曼派（ウルトラナショナリズム）であるという。[24]この最後の経験は、より若い世代に属するものであった。もしこれが本当であれば、ウルトラナショナリズムは〈資本制〉に取って代わる、より強力な何かであったのかもしれない。なぜこのようなことが言えるのであろうか？

まずわれわれは、ファシズムが代表制における危機に対応していることに注意しなくてはならない。ウルトラナショナリストのテロリストは皆、政治の堕落を非難した。なぜ彼らは政治がそれほど堕落していると考えたのか？　それは、統治階級の行為が、彼らの意思や、あるいは大衆の意思（少なくとも、ウルトラナショナリストが大衆の意思とみなしたもの）を代表していないように見えたからである。つまり、代表制はうまく機能しなかったのである。しかし、この機能不全は逆説的なものである。というのも、その機能不全は、代表制そのものが普遍化されたときに現れるからだ。選挙制度は大正期の民主主義の流行のもとに改定された。すでに述べたように大正一四年（一九二五年）には、普通選挙が認められた。言うまでもなく、普通選挙は、政治的意思決定における、より包括的な意思を代表することを狙った制度である。しかし、テロリズムが増加したのは、まさにこの制度が確立されたときなのである。これと同じタイプの逆説は、他のファシズムの政治制度にも正確に見出すことができる。最も明瞭な例は、ナチズムの場合である。ナチズムは、ワイマール共和国の極めて民主的な憲法のもとで大衆的支持をえた。おそらく、この逆説の最初の例のひとつは、フランス第二帝政の場合であろう。ルイ・ナポレオンは普通選挙が実現された直後に皇帝になったのである。マルクスは、この過程を代表制の機能不全の結果として分析した。なぜこのような逆説が生じるのだろうか？

もちろん、普遍的な代表制が要請されるのは、社会システムにおける規範が普遍化されたときである。しかしながら、実際には、いかなる代表者も、特定の利害しか代表することができない。それゆえ、規範の普遍化が加速したとき、いかなる特殊な代表者も、普遍的な規範との関係においては偶有的なものに見えるだろう。一方で、特殊で偶有的な代表者と普遍的で抽象的な規範との間の矛盾は、民主主義のルールによって選ばれた代表者の堕落として見られるのである。人々はこの矛盾を、代表制からの疎外として感じとる。つまり、彼らは、統治者らによって代表されていないと感じるのである。2節において、私は、国民と天皇との間の距離についての青年将校の不満を引用した。彼は、国民の意思が天皇によって代表されていないことを嘆いた。彼にとってその原因は、統治階級のメタファーである妖雲であった。代表制から疎外されているという感覚は、現実には最も不利な立場にある階級に集中する。マルクスによると、第二帝政に先行するフランス第二共和制では、疎外を感じたのは貧農階級であった。戦前の日本の場合もまた、それは貧農であった。テロリストは皆、彼らが疎外された農民を代表しているのだと言明したのである。

最初、人々は代表制を改定することによってこの困難に対処しようとした。たとえば、それは選挙権を拡大することによってなされた。しかしながら、この改定は問題を解決しなかった。なぜなら、代表制の普遍化そのものが問題の究極的な原因であるからだ。マルクスによれば、第二帝政において、ルイ・ナポレオンは、いかなるものによっても代表されない人々を、つまり貧農を代表した。マルクスのこの説明は次のことを示唆している。つまり、代表制の問題に対する最終的な解決は、システムのなかに逆説的な要素（ナポレオン）を導入することによってえられるということである。すなわち、代表制の機能不全を代表する要素を導入することによってである。

具象的超越への逆説的な回帰

代表制に関するこの考察は、もっと一般的に適用することができるかもしれない。もし、〈資本制〉の普遍化が加速されるとすれば、規範を保障するいかなる現実の超越論的な審級も疎遠なもののように見えるだろう。なぜなら、それは常に（相対的に）具象的で、それゆえ特殊なものであるからだ。われわれは、超越論的な審級のこのような不安定な状態を、その当時の金が位置した不確かな状態と比較することができる。金は他の商品に比べてより抽象的なものではあったが、一方で具象的な物質として存在していた。普遍化の圧力の下、特殊な審級はどのようなものであれ、次々と排除されねばならない。規範を普遍化する過程は、特殊性を繰り返し否定することによってのみ維持されている。このことは、あらゆる特殊で具象的な審級を不断に排除することによってのみ、規範に関わる完全に普遍的な審級が、究極の可能性として保障されるのだということを意味する。言い換えれば、普遍的で抽象的な審級が不可能であるということを、明示的に表現することが、逆説的に、完全な普遍性の可能性を維持することにつながるのだ。逆説的な転倒が起こるのは、この点においてである。もし、普遍化への志向が十分に強力であったなら、そのとき普遍性の不可能性を表現するまさにその要素が、規範を保障する超越論的な審級として発見されるのである。そのような自己言及的かつ自己否定的な要素だけが、完全に普遍的なものの現実性を支持することができるのだ。

この逆説的な要素とは何か？　それは、普遍性の不可能性を表現するかぎり、特殊で具象的なものでなければならない。通常の場合、超越論的な要素は経験的で内在的な世界から距離を置き、その直接的な現前を否定せねばならない。したがって、明治期に天皇の権力が直接的な現前の必要から解放されたとき、彼の超越論的権威が確立され、ネーションの結束がゆるぎないものとされたのである。他方、逆説的な超越論的要素の場合、その状態は完全に逆のものとなる。この場合、要素は特殊なものでなければならず、自身の現前を維持せねばならない。それは特殊で単一であるがゆえに、普遍的なものとなる（あるいは普遍的に見える）。したがって、それは西田が具体的一般と呼んだものと類比しうるだろう。すでに論じたように、具体的一般は、西田の「場所」の概念の別名である。それゆえ、このことから、われわれは西田の理論を、逆説的な要素を社会的領域へ導入する過程を反映した哲学として解釈できるかもしれない。逆説的な要素と国民との間の垂直的な距離は否定されねばならず、その近さと直接性、あるいは親密性が肯定されねばならないのだ。

このことを論拠として結論を構成したい。ウルトラナショナリズムにおける天皇は、世界に内在するという、まさにそのことによって超越論的になることができる、そうした逆説的な審級の一例なのである。上に述べた議論から、私は今や、ウルトラナショナリストにとって、なぜ天皇と彼らとの関係が直接的であることが重要であったのかを説明することができる。[25] ウルトラナショナリストが、しばしば彼ら自身の自我と万物との神秘的な統一を感じていたことはすでに確認した。至上の自我と見なされるこの拡張された自我が、ウルトラナショナリストにとって親密な天皇として現れるのだ。「天皇の国民」から「国民の天皇」への転倒は、すでに説明した逆説的な審級の導入に他ならない。重要なのは、「天皇の国民」と「国民の天皇」の間に、「天皇なき国民」がなければならないという点だ。本項の冒頭で説明したように、その理由は、具象的で特殊な超越論的要素が社会的領域に回帰するのは、超越論的な要素がラディカルな抽象化を経たあとでしかありえず、天皇の超越論的な身体の具象的で感覚的な現前を根本的に退避させたあとでしかありえないからだ。

最も重要なウルトラナショナリストである北一輝は、しばしば昭和天皇を「クラゲの研究家[26]」と呼んで嘲笑した。このような不敬な言葉は、彼の周辺の人間を驚かせた。しかしながら、今やわれわれは、ウルトラナショナリストにとって、天皇は具象的な（平凡で、みすぼらしい）人間であるがゆえに、超越的であるのだということを理解することができる。「クラゲの研究家」は葦原将軍の延長上にある。ウルトラナショナリズムを理解するためには、われわれは、彼らの「現人神《あらひとがみ》信仰」を文字通りの意味にとらねばならないのだ。

『日本文化の問題』のなかで西田は、一見したところ奇妙なことを書いた。この本のキー・タームは「物」であった。西田によれば、日本文化の特徴は、主体が「物」になるということである。すなわち、主体は「物」となって見、「物」となって考えるのである。このような特徴は、ウルトラナショナリストの自我の恍惚を想起させる（そして西田自身の「具体的一般」もそうである）。西田は、このような特徴は、皇室の中心性によって表現されていると説明した。「物」になるということは、特殊なもののひとつとしてこの世界に内在するということを意味するのだ。西田の観点からすれば、皇室の超越性は、世界に内在しているということによって保障されている。日本のファシストの多くが法華経を信奉していたことはよく知られている。何によってウルトラナショナリストは法華経に魅了されたのだろうか？　ひとつの理由として、その教義が超越的なものの世界への回帰を強調していることが挙げられる。このことは、ウルトラナショナリストにとっての天皇の様態と対応するのである。

満州国という理念

これまでに主張されてきた論理を用いて、われわれは、アジア大陸侵攻に関する日本のウルトラナショナリストの衝動を説明することができる。とりわけ、満州国建国の理念は、われわれが見てきた論理によって規定されていたのだ。

文学の世界において、ウルトラナショナリストの論理は、日本浪曼派によって表現された。この派の中心人物は保田與重郎である。保田は「満州国」が、フランス共和制やソヴィエト連邦のような、大胆で新しい文明の理想を表現するものであると主張した。保田の言葉を引いて、橋川は、日本浪曼派の精神的起源は満州事変（一九三一年）であったと述べている。[27] 満州国が表現していたのは、どういった思想であったのだろうか？　柳田國男について論じた項において、私は台湾や韓国、または琉球の植民地化が、日本ナショナリズムの論理から結果したものと見なしうることを示した。他方で、満州国は、ウルトラナショナリズムの論理に対応する。確かに満州政府は、満鉄や関東軍の管理下にある、いわゆる傀儡であった。にもかかわらず、満州国は日本の植民地ではなかったという事実に、われわれは注目せねばならない。石原莞爾は常に満州を植民地化することに反対していた。少なくとも、理念的な水準において、満州国建国の目的は様々な民族（中国人、満州人、モンゴル人、朝鮮人、そして日本人）の調和を意図したものだったのである。

満州国を支持するイデオロギーは、京都学派の第二世代によって唱道された「世界史の哲学」や、あるいは三木清による「協同主義」の理念において典型的に見出される。「世界史の哲学」の唱道者たちは、世界史は今日まで、西洋の歴史のみによって表現されたものであると見ていた。なにゆえに西洋は世界と同等であったのだろうか？　それは、西洋が唯一の「抽象的」で普遍的な原理であったためである。言うまでもなく、西洋の外部にも、いくつかの普遍的なシステムは存在した。それらは、儒教や仏教といった普遍宗教によって支えられてきた。しかしながら、唯一西洋だけが、とりわけ近代西洋だけが本質的に宗教の内容から独立して、普遍的であると見なすことができるのである。つまり、西洋は中立的な抽象的原理であったのだ。それゆえ、西洋は他の「普遍思想」よりすぐれて普遍的なものになることができたのである。しかしながら、西洋でさえも西洋的な特殊性によって汚されている。「世界史の哲学」の観点とは、究極的には、西洋の抽象的な普遍性は見せかけである、といったものであった。

したがって、このような観点を支持する者らは、西洋を超えた、より包括的で普遍的な原理を、またすべての文明が平等に扱われるような「真」の世界史を提唱しようと試みた。このような思想は、われわれが今日「多文化主義」と呼んでいるものと本質的には同じものである。しかしながら、世界史の哲学はただ、様々な文化は共存せねばならないといった主張よりほかには、いかなる積極的な意義のある概念も持たないのである。

そのメカニズムについては本節で説明済みである。転倒は、こうして生じるのである。普遍性が直接に特殊性と混同される。一方で、異なる特殊性の調和的な共存についての強力な普遍主義がある。他方で、積極的な特殊主義（ウルトラナショナリズム）が支持されるのである。積極的な特殊主義への短絡は、ラディカルな普遍主義の結果として起こりうる帰結のひとつである。西洋の普遍主義をも含めて、いかなる積極的な普遍主義も見せかけであるのならば、唯一可能である普遍主義とは、普遍主義を特殊性の領域のなかに包括させるといった操作を繰り返すことでしかない。言い換えれば、この「真」の普遍主義は、自分自身も一個の「特殊的なもの」に過ぎないと標榜し続けることでかえって、自身の地位を維持することができるのだ。「満州国」の理想は、超普遍性と超特殊性の間にある、この混同に基づいている。

農本主義

農本主義は、日本のウルトラナショナリズムのもうひとつの構成要素である。その概念は、農業に基づいたユートピア的な共同体（社稷《しやしよく》）を田舎に建設するというものである。橘孝三郎や権藤成卿らが、これを唱道した。われわれは、ウルトラナショナリズムのこの構成要素もまた、上で論じた機制から生じるということを確認できる。

一見、農本主義は、工業化や都市化に対する単純な反動であるように見える。あるいは、潜在的に持続していた前近代的な思考法の結果であるように見える。しかしながら、ひとは、そのひとの故郷へ帰るべきだとする農本主義の思想は、次に述べるような「生まれ故郷」の概念に基づいていたことに注目せねばならない。

> 自分には田舎がわからぬと感じたのではない、自分には第一の故郷も、第二の故郷も、いやそもそも故郷といふ意味がわからぬと深く感じたのだ、思ひ出のない処に故郷はない。確乎たる環境が齎《もたら》す確乎たる印象の数々が、つもりつもつて作りあげた強い思ひ出を持つた人でなければ、故郷といふ言葉の孕む健康な感動はわかないであらう。[28]

これは、昭和八年（一九三三年）に書かれた小林秀雄の有名なエッセイ「故郷を失つた文学」からの引用である。したがって、農本主義者の故郷に対する欲求は、すでに多くの人が自分たちの出自の感覚を失ってしまったときに初めて現れたのだ。ここにもまた、本節で述べたものと類比した機制を見つけることができる。

肝心なのは、規範の特殊性が退避したとき、強力な特殊性が、突如として強力な普遍性の代替物として回帰することができるということである。農本主義者の故郷への回帰も、これと同型の機制に基づいている。まずはじめに、特定の出自の感覚が都市化によって失われた。大正期が都市の時代であったことを思い起こさねばならない。この退避の過程がほぼ完了されたように見えたとき、そしてある空無がまさに現れようとしたとき、特殊な出自に対する郷愁が回帰するのである。したがってこの郷愁は、国民の間に出自の感覚が残存しているという事実を示すのではない。むしろ、この感覚がほとんど失われたのだということを示しているのだ。

国際関係の水準でも（前項）、また小さな諸共同体の水準でも（本項）、われわれはウルトラナショナリズムの本質を含んだ、まさに同様の機制を見出すことができる。

最後に、再びナショナリズムとウルトラナショナリズムの差異について言及しておきたい。1節で説明したように、ナショナリズムは普遍主義と特殊主義の混合である。明治ナショナリズムの原初的な形態において、特殊主義の側面は、実践的な妥協から発展した。それは、普遍性の実現に達するためには、克服されるべき（もし可能であるのならだが）近代社会の必要悪であった。他方で、ウルトラナショナリズムは、ナショナリズムを超える、より強化された普遍性に到達しようとして、逆に特殊性や特異性を目ざすこととなった[29]。ウルトラナショナリズムは、〈資本制〉に対抗した逆説的かつラディカルな反応だった。それは逆説的に、〈資本制〉による破壊的な結末を停止させようと試みた社会運動だったのである。それは、〈資本制〉に対抗した、ある種の革命のように見えた。しかしながら、実際のところ、ウルトラナショナリズムは〈資本制〉の自己破滅的な機制を排除することを目的としていたので、かえって現状を維持しようとする保守的な衝動の表現となったのだ。それは、革命に対抗した革命（維新）だったのである。

私はこれまで、ウルトラナショナリズムの機制について論じてきた。このような考察は、ファシズムが過去の遺物ではなく現在的な現象であるがゆえに、必要なものである。われわれは今日、しばしば、ファシズムと酷似する宗教的な原理主義や民族浄化の様々な形態を目撃しているのだから。

註

1 そもそも、「藩」という語をめぐる事情が、江戸時代の人々が「日本人」という自覚をほとんどもっていなかったことをよく示している。この語が一般に使われるようになった始まりは、その語が葬られるとき、すなわち「廃藩置県」のときである。「藩」は、江戸時代の人々にとって、馴染みの薄い専門語のようなものであった。それならば、「廃藩置県」のときになぜ、この語が呼び寄せられたのか。廃せられるものは、「藩」であって「国」ではないということ、「国」は藩ではなくて、県の集合としての日本であることを、当時の日本の人々に自覚させる必要があったからである。言い換えれば、武士のようなエリートを含む日本の人々には、「日本」という「国」への所属の意識が、明治の初期にはまだ乏しかったのだ。

2 江戸時代が終わったのは、一八六八年である。江戸時代のあと、明治時代（一八六八年から一九一二年）、大正時代（一九一二年から一九二六年）、そして昭和（一九二六年から一九八九年）と続いた。

3 Takashi Fujitani, *Splendid Monarchy*, (Berkeley: University of California Press, 1996). 原武史、『可視化された帝国』、みすず書房、二〇〇一年参照。

4 ベネディクト・アンダーソン、『想像の共同体』、白石さや・白石隆訳、NTT出版、一九九七年。

5 橋川文三、『昭和ナショナリズムの諸相』、名古屋大学出版会、一九九四年、七ページ。

6 Fujitani, 前掲、一三九ページ。

7 野口武彦、『三人称の発見まで』、筑摩書房、一九九四年。

8 村井紀、『南島イデオロギーの発生』、太田出版、一九九五年、七～五一ページ。

9 橋川、前掲、五五～五七ページ。

10 同上、一八～一九ページ。

11 久野収・鶴見俊輔、『現代日本の思想』、岩波書店、一九五六年。
12 同上。
13 大蔵栄一、『二・二六事件への挽歌』、読売新聞社、一九七一年、一七二ページ。
14 夏目漱石、『こころ』、岩波書店。
15 夏目漱石、『三四郎』、岩波書店。
16 夏目漱石、『草枕』、岩波書店。
17 武田信明、『〈個室〉と〈まなざし〉』、講談社、一九九五年。
18 蓮實重彥、「「大正的」言説と批評」、批評空間、二号(一九九一年、夏季号)、六~二一ページ。
19 武田、前掲。
20 血盟団はテロリスト集団である。血盟団のメンバーは、井上準之助(前大蔵大臣)と團琢磨(三井合名理事長)を暗殺した。
21 橋川、前掲、二四~二五ページ。
22 小沼正は、井上準之助を暗殺した。
23 橋川、前掲、二七ページ。
24 橋川文三、『日本浪曼派批判序説』、未来社、一九六〇年。
25 井上日召は、ウルトラナショナリストに転向する以前は、キリスト教徒であった。『日召自伝』において、彼は、キリスト教の神の概念にたいして抱いた疑念について書いている。彼の説明によれば、神は幾何学の「点」のようなものである。幾何学の点は、われわれが知覚しうる現実の点ではない、なぜなら、それは、仮定としてのみ存在し、抽象的なものであるからだ。学生だった頃、彼は数学の教師に、「点」の性質を問うたが、教師の答えに納得することができなかったという。彼は、仮定としてのみ存在するような抽象的な神を受け入れることができなかった。このことにひどく悩んで、彼は自殺の一歩手前までいった。最終的に、彼は、この抽象的な神を天皇の具象的な身体と置き換えることとなったのである。

26 昭和天皇は生物学者であった。

27 橋川、『日本浪曼派批判序説』。

28 小林秀雄、「故郷を失った文学」。

29 右翼の理論的指導者である大川周明の場合が典型的である。彼の自伝『安楽の門』によれば、彼は最初、西洋思想の研究に勤しんだ。それから、仏教の研究を通じて、「アジア的」意識をえたという。最後に、日本の歴史を研究したのち、彼はウルトラナショナリストになった。コスモポリタンからウルトラナショナリストへといたる、彼の知的道程は、私がここで示した論理によって説明できる。

解題

これは、"From Nationalism to Ultra-nationalism in Modern Japan"と題する英語論文の邦訳版である。この論文は、もともと、一九九九年五月に台湾の Academia Sinica（中央研究院）で開催されたコンフェランス"Nationalism: The East Asia Experience"で発表されたものである。このコンフェランスでの発表者の論文をまとめて、*The Dignity of Nations: Equality, Competition, and Honor in East Asian Nationalism* (Hong Kong University Press, 2006) が、すでに公刊されている。この中に、私の"Indignity for the Emperor, Equality for the People"も収録されているが、それは、紙幅の関係で、原論文を大幅に圧縮したものになっている。このたび、原論文を、今田勝規（京都大学大学院人間・環境学研究科）に邦訳してもらった。右のような事情から、読み手（聞き手）として、日本人以外の者を想定しているため、日本史についての解説がいくぶんか冗長になっている。なお、この論文の理論的な背景となるアイデアに関しては、『ナショナリズムの由来』（講談社、二〇〇七年）を参照されたい。

第3章

「靖国問題」と歴史認識

日本の戦後は、原罪を負ってスタートした。原罪とは、無論、近代的な国民国家として成立して以来日本が関与してきた戦争に対する罪、とりわけ第二次世界大戦の一環になっていったアジアへの侵略戦争に対する罪である。

ところで、今、「原罪」という語を用いてみた。「原罪」は、言うまでもなく、キリスト教に由来する観念である。それにしても、人間の原罪を説明する有名な寓話、世界中の誰もが知っているあの有名な寓話は、とても奇妙ではないか？　アダムが禁断の木の実を食べたのが、原罪の根拠であるとされる。だが、神はなぜ、エデンに禁断の木の実を置いたのか？　取って食べることを禁止するくらいならば、そしてその禁を犯すことが追放を意味するほどの重い罪になるのならば、わざわざ、そんな木の実を創らなければよいではないか？　はっきり言えば、この場面で神は狡猾ではないか？　誘惑するかのように、木の実を人間の眼にふれるところに生やしておき、人間がその誘惑に屈したときには、厳罰に処す。神のやり方は、こんな「おとり捜査」のような手口だったのだろうか？

1 「終りに見た街」

山田太一のドラマ『終りに見た街』は、戦後日本の「原罪」が構成される場面の繊細な複雑性を、鮮やかに照らし出してみせる。このドラマは、最初、一九八二年に放映され、そのリメイク版が、戦後六〇年目にあたる二〇〇五年に放映された。二〇〇五年版に即して、説明しておこう。簡単に言えば、これは、戦後生まれの家族が、第二次世界大戦の末期に――昭和一九年九月に――タイムスリップしてしまう物語である。

中井貴一が演じる主人公清水要治は、まずまず成功したサラリーマンで、東京近郊の小奇麗な住宅街に一戸建ての家をもち、妻、中学生の娘、小学生の息子とともに四人で暮らしていた。ドラマは、要治が、小学生時代（昭和四〇年代）に東京の下町に住んでいた頃の親友宮島敏夫に、三〇年ぶりに会うところから始まる。柳沢慎吾が演じる敏夫は、結婚式場に勤めていた。

この楽しい再会のしばらく後、ある朝、目覚めてみると、要治ら四人家族は、家の周りが激変していることに気づく。彼らの家や車、飼い犬はそのままだが、周囲の景観がまったく違うのだ。隣近所の家も、道路もなく、周囲は、ただ鬱蒼とした雑木林になっているのである。やがて、彼らは、どうやら、自分たちが、昭和一九年九月に来ていることに気づく。また、あの旧友敏夫とその高校生の息子新也もまた、同じ時代に来ていることを知り、両家族は合流する。ここで、新也は、いわゆる落ちこぼれで、「引きこもり」に陥っており、そのことが原因で、敏夫の家族はすさんだ状態になっていた、ということを付け加えておこう。言うまでもなく、新也は、親との関係も悪く、敏夫とほとんど口をきかない。

物語の中心部分は、二〇〇五年の豊かな社会を生きていた者たちが、昭和一九年の世界に何とか潜り込み、適応していく際の苦労を描いていく。そもそも、彼らは、昭和一九年の日本人に著しく怪しまれる。そんな中で、「身分証明」を獲得しなくてはならない。無論、物資や食料はまったく足りないので、飽食の二〇〇五年の社会に慣れている「現代人」は惨めで、辛い思いをせざるをえない。こうした苦難を、彼らは、何とか乗り越えていく。どちらかと言えば、二〇〇五年の日本で出世していない敏夫の方が、エリートサラリーマンの要治よりも度胸もあり、機転も利く様などが描かれていく。

当然のことながら、出来事は、彼らが書物で知っている事実と精確に同じように展開していく。彼らは東京に居を構えるが、そこは空襲がないことがわかっている場所である。やがて、要治があることを提案する。自分たちは、歴史がどのように展開するのかを知っている。とするならば、ただこのまま手を拱いていてよいものだろうか。たとえば、昭和二〇年三月一〇日の未明に、大空襲で、東京の下町は焦土と化すことを知っているのだから、何とか工夫して、一人でも、二人でも命を救うべきではないか。歴史への介入を含意するこの提案に、他の二人の大人も賛同する。彼らは、三月一〇日の空襲を「予言」するビラをばら撒き、避難を呼びかけたのだ。このビラを無視する者もいるだろうが、「念のため」に避難する者もいるだろう。そうすれば、その分だけは人命を救うことができる。

だが、この作戦はまったくの逆効果だったのだ。彼らの隠密のビラ貼りは、当然、官憲の眼の着けるところとなり、厭戦気分をあおる非国民の業と見なされた。と、すれば、非国民と見なされるのを恐れる人々は、かえって東京を離れることができなくなってしまったのである。

ここまでであれば、このドラマには大した新鮮味はない。これは、現代の自由で豊かな社会と、戦時下の統制された貧しい社会を対照させる、一種の反戦ドラマとして見ることができる。あるいは、タイムスリップを主題としたSFとして評価した場合には、「未来」の災難を防ぐための歴史への介入こそが実はその災難の原因だった、というアイロニーは、常套的なものである。後の歴史を知っている者の苦悩を描くということであれば、主題は戦争である必要はない。たとえば阪神大震災の直前にタイムスリップしても同じ問題が生じただろう。

だが、ドラマは、最後に、思わぬ転回を遂げる。敏夫の、ぐれてしまった息子新也は、昭和一九年に来ても、他の五人の中に溶け込もうとせず、何も協力しなかった。そして、彼は、ある日、突然、家出してしまう。その新也が、結末近くになって、また戻ってきたのだ。新也の態度は、驚くほど変わっている。きちんと居住まいを整え、父敏夫に「ご迷惑をおかけしました」と挨拶をする。とまどう敏夫等に、新也は家出後のことを説明した。軍需工場で働いていた、と。

そんな会話の中で、新也は、突然、敏夫たちを激しく非難し始めたのだ。皆、国や同朋を守るために死ぬ気で働いているのに、お父さんたちは、そういう人たちを馬鹿にしている——くだらない戦争をしているとして馬鹿にしている、と。「そんな真剣なやつばかりではないぞ」という敏夫の反論に対しては、「それならば、そういう不真面目なやつのほうが偉いんですか」と、新也は再反論する。そして、国を守るために死んでいく人間を嘲笑する者は、たとえ親でも許せない、と新也は叫ぶ。しかし、あと半年もすれば、戦争に負け、日本人は皆間違っていた、と思うようになるんだよ、という要治の言葉に対して、新也は、意外にも、「そんなことわからないじゃないですか、僕らは現在を生きているんです」、といった意味のことを主張して切り返したのだ。この新也の言葉に、要治の子どもたちも呼応し、賛同して、彼らは大混乱に陥る。

と、ちょうどそのとき、空襲警報が鳴り響く。そして、驚いたことに、空襲を受けるはずのないこの地に焼夷弾が落ちてきたのだ。激しい火災の後に、要治が気づいてみると、自らは瀕死の重傷を負い、周囲には死体がいくつも転がっている。そして、遠景には、戦時中にはあるはずのない廃墟と化した新宿の高層ビルが見えるではないか。昭和一九年だと思っていたのは、「現在」だったのである！　東京が核攻撃を受け、物語は、死の間際に要治が見た夢だったというのが、最も整合的な解釈であろう。遥か彼方の街だと思っていたところが、まさに「ここ」であった、という結末は、『猿の惑星』を思い起こさせる。

新也ら子どもたちと敏夫・要治ら大人たちとの間の断絶は、歴史認識をめぐる、ある困難を表現している。われわれが、あの戦争を間違った「くだらない戦争」と見なすのは、われわれの視点が、事後に、つまり戦争の終結以降に、属しているからかもしれない。少なくとも、敏夫や要治がそう見るのは、彼らの視点が事後の視点だからだ。彼らが、新也を——歴史の渦中に視点を据えている新也を——説得し、論破することができなかったのはそのためである。あるいは、要治らの「三・一〇空襲からの避難」への呼びかけが不発に終わったのは、彼らの視点が当時の人々の視点とはずれており、彼らが、当時の人々に事態がどのように映るのかを理解しえなかったからである。このドラマは、歴史を捉える事後の視点には、構造的な盲点が宿っているのかもしれない、ということを示唆しているのである。

本来、新也はまったく無気力で、父である敏夫の教育的な働きかけにまったく応じることがなかったという設定を考慮に入れた場合には、このドラマから、さらに次のようなメッセージを読み取ることもできる。すなわち、今日における「親の世代」の「子の世代」に対する規範的な説得力の欠如の、根本原因は、戦中の視点と戦後に属する視点との間の断絶にある、と。戦後、日本社会は、「戦後民主主義」という標語に象徴されるような、新しい価値観を受け入れた。だが、この価値観を体現する、親の世代の規範的な呼びかけに、今日の子の世代は反応しない。山田太一によれば、それは、戦後民主主義が、戦中の視点との関連を無視した、砂上の楼閣だからだ。

＊

新也は、同朋のために死を賭して戦った者たちを嘲笑することはできない、と述べている。そして、近代日本では、国のために実際に死んだ軍人や兵士の霊は、靖国神社に祀られ、追悼と顕彰の対象とされてきた。戦前は、靖国神社は、国家の公的施設であった。今日では、言うまでもなく、民間の一宗教法人である。ここで、われわれは、いわゆる「靖国問題」について考察してみよう。靖国問題とは、今日では民間の宗教法人となった靖国神社が、なおなんらかの意味で公的性格を帯び、また靖国神社当人を含む少なからぬ人々が、それを要求することから生ずる諸問題である。「公的性格を帯びる」とは、たとえば、首相や閣僚など政府の要人が正式に参拝することである。

とはいえ、靖国問題については、近年、論壇では夥しい言葉が費やされてきた。ここで、カール・ヤスパースが第二次大戦のすぐ後に戦争責任に関連して分類した、問題の諸層を想起しておこう。ヤスパースによれば、戦争の罪は四つの層より成っている。第一に、刑法上の罪が、第二には、政治上の罪が、第三には、道徳上の罪がある。これに加えて、ヤスパースは、第四に、形而上の罪の層がある、と述べている。同じ区別を靖国問題にも適用することができる。

こうした区別を導入した場合、最初の三つの層に関しては、社会的にはともかく、理論上は決着がついている、と私は考えている。たとえばA級戦犯の刑法的な罪をどう考えるか？　A級戦犯にどのような政治上の罪があったのか？　彼らを祀る靖国神社を参拝することにどのような政治上の問題があるのか？　靖国神社が、他の宗教法人とは異なる公的性格を帯びることに、憲法の上で、政治の上で、さらには道徳の上で、どのような問題があるのか？　こうした諸問題は、未だに大きな社会的争点となっており国民的合意は得られてはいないが、理論上は、すでに十分に説得的な解答が出されているように、私は思うのだ。

たとえば、三土修平の『靖国問題の原点』における考察が、決定版的な解答である。[1]　この書物の中で、三土は、とりわけ、GHQ（連合国軍総司令部）や日本の神社関係者のどのような思惑や駆け引きの中で、靖国神社が宗教法人化していったかをつぶさに辿り、靖国神社が公的性格をもつことがなぜ間違っているのかを、明快に説明している。この書物が優れている点は、法的・政治的な問題を超え、「公／私」の階層によって支持されている日本社会の規範構造との関連で、問題を明らかにしているところにある。三土の論点をここで復唱するつもりはないが、念のために一言だけ述べておこう。政府要人の靖国参拝をやめなくてはならないのは、周辺諸国がそれを不快に感ずるからということ以上に、それが、われわれの国家が戦後に選択し、今日でも維持しようとしている価値と政治のシステムを毀損することになるからである。三土は、靖国神社への公式参拝に代えて、戦争の犠牲者に対して、どのような公的な追悼がありうるかについては、積極的な提言を行ってはいないが、靖国問題についての彼の解明から、その方向性は自ずから明らかになる。

したがって、ここでは、考察を、残された一つの層、形而上の層に絞ることにしよう。

2 死者のまなざし

一九二〇年代、三〇年代に、スターリン体制下のソ連を、西側の進歩的知識人は、こぞって賞賛した。彼らが、スターリン体制の悲惨な現状をよく知らなかったからだ、という説明は間違っている。多くの知識人は、ソ連を直接に訪問しており、貧困をはじめとするさまざまな惨状を目の当たりにしていたはずだからだ。彼らがソ連の暗い現実を絶賛したのは――ジジェクが述べていることだが――、それを、一九世紀以来の何百万もの労働者たちの夢の物質化した姿と見なしたかったからだ。言い換えれば、もしソ連の現実を馬鹿にしたり、批判したりすれば、社会主義のために死んだ過去の労働者たちを裏切ることになる、と感じられたのである。死者を裏切ることは、しばしば、生者を裏切るよりも難しい。なぜだろうか？　戦後の日本社会にとって、靖国に祀られた死者たちがもった意味を考える上で、このエピソードは、導きの糸となる。

ここで、柳田國男の敗戦後の仕事が参考になる。柳田の戦後の最初の著書は『先祖の話』であり、それは、今回の戦争で「少なくとも国の為に戦つて死んだ若人だけは、何としても之を仏徒の謂ふ無縁ぼとけの列に、疎外して置くわけには行くまい」との意図のもとで書かれているからである。[2]戦中から書き始められているこの本は、学問的な目的を超えた、実践的な意図を秘めているのだ。戦争終結の「聖断」が天皇によってくだされたのは、昭和二〇年八月一〇日未明であるとされているが、その翌日の日記に柳田國男は、元警視総監長岡隆一郎から「時局の迫れる話〔おそらく終戦の話〕をきかせらる」と記し、さらに「いよいよ働かねばならぬ世になりぬ」と続ける。その「働き」のひとつが『先祖の話』の出版であろう。

『先祖の話』で、柳田が示そうとしたことは、「家」の存続を支えている信仰上の基盤である。「家」が存続しえた根拠として、祖霊崇拝があったことを示すことによって、柳田は、戦争の死者を慰霊し、救済しようとしたのだ。柳田は、第二次大戦で殉死した戦士のことを念頭に置きながら、こう述べる。「人を甘んじて邦家の為に死なしめる道徳に、信仰の基底が無かつたといふことは考へられない。さうして以前にはそれが有つたといふことが、我々にはほゞ確かめ得られるのである」、と。

柳田が、家の存続に拘泥するのはなぜなのか？「家」が、柳田の言う「常民」の規範の源泉になっているからである。家とは、死者を祖霊の集合の中に繰り込み、生者と親しい相互交流の関係におくシステムである。このような家の観念が、規範をどのように支持するのか？　柳田國男は、桑原武夫との対談で、「日本人の美質」について問われて、それは「義憤」であり、さらに「制裁があること」だと答えている。「制裁」は、自分たちの振る舞いを見たり、聞いたりしている他者の存在を前提にしている。これに関して、柳田は、「〔日本人は〕一種の幽冥界〔にいる先祖たち〕というものの存在をぼんやりと信じて」おり、「あなたと話をしていても、あの隅あたりでだれかが聴いていて、あれあんな心にもないことをいってる、といわれたんじゃたまらんという」感覚をもっている、と論ずる。柳田によれば、「気がとがめる」という日本語に、こうした感覚が反映している。「気がとがめる」とは、「自分及び自分の周囲の、自分のことを一番憂えてる人が一緒になって気にかけるだろう」という意味だという。

先に、スターリン体制を賛美した進歩的な知識人の例を引きながら、死者を裏切るのは、生者を裏切るよりも難しい、と述べた。このエピソードから、教訓を引き出してみよう。人は、自らの現在・現状がそれに対して有意味なものとして現れるような視点を必要とする。「われわれ」の現在を妥当なものと見なすような超越的な視点が、つまり、それを通じて見たときに「われわれ」の現在が善きものと見えてくるような超越的な視点が、どうしても必要となるのだ。その超越的な視点は、しばしば、「われわれ」の現在を、まさにこのようなものとしてもたらした原因と見なされている、死者たちによって埋められる。死者を裏切るのが、困難なのは、このためである。

こうした推論を基礎にすると、柳田の仕事の意義がはっきりする。戦争の死者が無縁仏として、行き場を失うということは、われわれの現在を規範的に意味づける機能を担う死者のまなざしを日本社会が喪失することを意味する。柳田は、「家」の伝統に訴求することによって、死者が位置づけられるべき場所が、この国の暗黙の制度の中にあるということを実証し、想起させようとしたのである。敗戦によって、日本社会は、近代天皇制と結託していた皇国史観を失うが、柳田は、それよりもさらに古い伝統の中に、死者が棲まう場所があることを示そうとしたのだ。

「常民」の現在を、規範的に承認する超越的なまなざしを、「家」のシステムを媒介にして定礎した場合には、そのまなざしの「超越性」は極小化し、「内在性」の方に引き寄せられることになる。すなわち、常民の生活に目を向け、耳を傾ける祖霊は、生ける常民のすぐ近くにいて（「あの隅あたりに……」）、ときに常民たちと親密な相互交流をなしうるような（お盆はそうした交流の機会である）、具体的な他者としてイメージされ、表象されているのだ。桑原との対談の中で、桑原が「日本では絶対者がいない」という事実に批判的に言及したのに対して、柳田は、同じ事実を肯定的に捉え、こう述べている。「絶対者は自然宗教の中から生まれてこない。日本ではファミリーがおのおの祖霊をもち、それが形のないものになっても、常に気にかけてそっと出てきては見ているので」云々、と。

＊

とはいえ、しかし、「家」を支える祖霊崇拝を発掘したとしても、必ずしも、戦争における死者たちを救済したことにはならない。彼らは――とりわけ戦争の積極的な遂行者である軍人たちは――、家のために死んだわけではないからだ。彼らは、国家のために、あるいは天皇のために死んだのである。無論、戦前の天皇制が、それ自体、巨大な家――天皇を頂点とする大きな家――として把握されていたと言えなくはないが、国家の全体を擬制的な天皇家と同一視する観念は、祖霊崇拝そのものよりははるかに新しく、（第2章で述べたように）明治以降のものでしかない。

こうしたギャップを埋めたのが――あるいはむしろ隠蔽したのが――、江藤淳である。江藤淳は、「生者の視線と死者の視線」（一九八六年）で、柳田國男と類似した認識を、一挙に、靖国神社参拝に接続してみせる。[3] 江藤によれば、『記紀』『万葉』以来の日本文化の特徴は、死者との共生感にある。日本社会においては、死者の魂と生者の魂が行き交っており、日本人が風景を見るときには、同じ風景を捉える死者の視線を同時に感得しているのだ、と江藤は説く。『記紀』『万葉』の時代にまで、「日本（人）」という国民的同一性に属する、均質な文化を想定することには、社会学的にみて問題がある。が、そうした乱暴な展開を無視すれば、生ける常民と祖霊との親密な交流を見出す、柳田と共通の認識を、ここに見て取ることができるだろう。

ここから、江藤は靖国参拝の必要性を導くのだが、しかし、この結論への経路には、明らかに、根拠のない飛躍がある。第一に、死者との交流の場が、靖国神社という形式――英霊を顕彰する国家の施設——でなくてはならない理由は、ここからは弁証できない。第二に、参拝の対象となる死者が、(主として)軍人・軍属でなくてはならない理由もまた、江藤の論からは導き出せない。[4]

だが、そうだとすると、靖国派は、どうして、靖国神社への公式参拝を、さらに靖国が国家の公的な制度へと近づくことを、強く求めるのだろうか? こうした願望をもつ者が少なからずいるのは、なぜなのだろうか? 「日本人」という国民的なアイデンティティに深くコミットする者には、靖国神社が公的な性格を帯び、尊重されなくてはならない、と感じられること、その理由は、ここまでの議論の展開からも、すでに明らかであろう。

社会主義にシンパシーをもつ、二〇世紀初頭のヨーロッパの知識人は、社会主義運動のために殉死していった労働者たちの視線を媒介にして、自分たちが実現したこと、実現しつつあることを評価し、肯定した。同様に、戦後の「日本人」が自らの現在を肯定し、規範的に承認するためには、今日の「日本」をもたらすのに貢献した——あるいは少なくともその「原因」となった——死者のまなざしを必要とする。死者たちが欲望し、願望していたことの現実化(の過程)として、自らの現在を意味づけることにおいて、「日本人」としてのアイデンティティを全的に確立することがかなうのである。そのためには、まずは、「死者」そのものが肯定的に措定されていなくてはならない。しかも、その「死者」は、特定の希望や願望をもって、能動的に社会に変化をもたらそうとした者でなくてはならない。つまり、偶発的な事故で死亡しただけの者は「適任」ではない。逆に、無念の死を遂げた軍人は、この条件をよく満たしている。靖国参拝は――非業の死を遂げた軍人・軍属を靖国神社で追悼し、ときには顕彰することは――、われわれの「(日本人としての)現在」を承認する、超越的な他者を措定する操作そのものなのである。

こうしたメカニズムが作用していると考えると、「靖国以外の国立の追悼施設」という案が、「靖国派」から、「不適切」として斥けられる理由もはっきりする。靖国神社は、死者の願望と順接している。すなわち、日本の軍人は――少なくとも公式上は――、靖国が代表する天皇家(と一体化している国家)のために死んだのだ。とすれば、靖国以外の施設によっては、死者(の願望)を救済したことにはならない。靖国神社に固執せざるをえない理由は、ここから出てくる。

逆に言えば、以上の考察は、総力戦に敗れるということが何を意味しているのかということを、しかもその敗北が価値観そのものの敗北を含意しているときに、総力戦の敗北が何を意味しているのかということを、われわれに教えてくれる。敗北において、それまで自らが奉じてきた価値観が根底的に誤っていたということを――つまりそれまでの「善」が「悪」へと反転したということを――受け入れるということは、当該共同体が、述べてきたような機能を果たす、死者の超越的なまなざしを失ってしまう、ということを意味するのである。もはや、「われわれ」は、戦死者たちが望み、欲望していたことを実現しつつある、と解釈することはできないのだから。それゆえにこそ、柳田は、皇国イデオロギーよりも古い、「家」の祖霊崇拝の伝統にまで遡って、それを回復しようと試みたのだが、述べたように、それでは、戦争の死者を救済したことにはならない。

ドラマ『終りに見た街』に立ち返ろう。新也と大人たちの間の対立は、さしあたっては、次のように描くことができる。新也は、戦死者たちと同じ希望や欲望を共有している。それに対して、敏夫や要治は、そうした希望や欲望とは断絶したところにいる。彼らの理想、彼らの欲望は、死者たちのそれとはまったく関係がない。このとき、彼らは、新也を説得する力をもつことができないのだ。

3 必勝の自動人形

そうであるとすれば、「われわれ」は、どのようにして、自らの「現在」を承認し、その「善」を確認するための超越的な視点を回復することができるのだろうか？「反靖国派」の試み――その中でも最も「良質」なものに限られるが――を、この問いとの関連で、評価することができる。この点を示すことは、以上に述べてきたことが敗戦という歴史的断絶に固有な問題ではないということ、言い換えれば、敗戦は「歴史認識」に一般に随伴する困難を拡大してみせているだけだということ、このことを同時に明らかにすることになる。

ヴァルター・ベンヤミンは、『歴史哲学テーゼ』の第一テーゼで、奇妙な寓話を披露している。それは、チェスを指せる自動人形の話である。この自動人形が「歴史観（史的唯物論）」に喩えられている。この人形は、どんな相手にも適当に応じ、最後には必ず勝つ。この人形が常に勝つことができるのは、小人が、テーブルの下の見えないところから、糸で人形を巧みに操っているからである。この小人とは何か？　それは、「神学」だとされる。

　この寓話の意味を理解するためには、歴史を記述する文、歴史の物語文の構成を考えてみればよい。アーサー・ダントによれば、歴史の物語文は、時間的に隔たった二つの出来事――E_1とE_2――を考慮に入れながら、直接には、E_1のみを明示する文である。たとえば、「一九四五年八月一五日に、太平洋戦争は終わった」（①）とか、「一九四五年八月一五日に、日本の戦後は始まった」（②）といった文を考えてみよう。佐藤卓己の研究によれば、今日のわれわれの通念とは異なり、一九四五年八月一五日に玉音放送を聞いた瞬間には、必ずしも、これが戦争の終わりであるとか、まして戦後の始まりであるとか、といった認識は、人々に広く共有されてはいなかった。[5] 考えてみれば、ポツダム宣言を受諾したのは八月一四日であり、天皇が読んだ詔書の日付も八月一四日である。また降伏文書への調印式は、九月二日である。いつが終戦なのかは、その段階では確定的ではない。つまり、一九四五年八月一五日の玉音放送E_1の時点では、①や②の言明は不可能なのだ。①や②は、明示的には出来事E_1のみが言及されているが、潜在的には、それよりもずっと後の時点（の出来事）E_2への参照を前提にしていることになる。佐藤によると、「八月一五日＝終戦」という了解が確立し、広く知られるようになるのは、一九五五年頃だから、①や②の文は、一九五五年以降の時点E_2への暗黙の参照を前提にしていることになる。すぐ後で述べるように、終戦の日が確定したのが、冷戦の対立の国内版である「五五年体制」の確立の時期とほぼ重なっているという事実は、偶然ではない。ついでに指摘しておけば、この日が第二次世界大戦の終結の日だという記述は、ほとんど日本国内でしか通用しない。[6]

歴史が、以上のような構成をもった言語行為によって成り立っているという事実から、ベンヤミンの寓話を理解するための手がかりが与えられる。歴史を捉えるということは、常に、「後からの視点」を前提にしている。E_1は、それ自体としては、何ものでもない。E_1が何ものかに――つまりE_1に――なるためには、それよりも後のE_2を必要とするのだ。しかも、E_1は明示的に言及されるが、E_2の方は、歴史の過程を記述する文の中で対象化されることは決してない。それゆえ、こう結論できる。歴史を書くとき、人は、あたかもすべてが終わってしまった地点にいるかのように振る舞っているのだ、と。E_2は、常に、すべての出来事（E_1）が終結してしまった後の、歴史の局外であるかのように、措定されざるをえないからだ。端的に言えば、歴史は、「最後の審判」の視点から書かれるのである。ベンヤミンが、歴史（自動人形）が神学（小人）の助けを借りている、と述べたのはこのためである。

小人の助けを借りたときに、自動人形がチェスに必ず勝つことになるのは、なぜだろうか？　この点については、次のように考えるべきであろう。歴史が、最後の審判の視点を前提にしているとすれば、歴史は、定義上、「勝者の歴史」となる。ここで「勝者」とは、最後の審判の視点から捉えたときに、（肯定的に）承認されている者という意味である。歴史においては、最後の審判＝E_2が所属する「現在」――歴史過程の局外に置かれた「現在」――をもたらすのに貢献したとの承認を受けた出来事が（E_1として）記述されていくのだとすれば、それは、必然的に勝者の連鎖とならざるをえまい。

先に利用した、二つの文（①と②）は、このことを例証する格好の事例だと言える。なぜ、八月一五日が終戦だとされたのだろうか？　右に示唆したように、八月一四日や九月二日の方が終戦の日として相応しかったのではないか？　いつの間にか、「八月一五日」に固定された、社会心理的なメカニズムは、容易に想像がつく。八月一四日（ポツダム宣言受諾）や九月二日（降伏文書調印）を選べば、日本人はそれを「敗戦の日」として記憶せざるをえないが、天皇が日本国民に（他国に、ではなく）語りかけた日であれば、「終戦の日」になる。つまり①や②の文は、日本を決定的な「敗者」として記述するのを、無意識裡に避けているのである。[7]　五五年体制（国内版冷戦構造）の頃まで、終戦がいつなのか明確に定まらなかったという事実が、こうした理解を傍証する。一九五〇年以降に確立する東アジアにおける冷戦構造（朝鮮戦争、中華人民共和国の成立）のせいで、アメリカにとって、日本が戦略上のパートナーとしてにわかに重要性を帯び始めた。そのため、日本の――アメリカに対する――敗北の意味が（遡及的に）小さいものになったのだ[8]。その時期に至って、日本人は、心置きなく、「敗戦」を「終戦」に置き換えることができるようになったのである[9]。

＊

前節で論じた「死者」と本節に論じた「最後の審判」との間には、独特の関係がある。死者になることによって、人は、歴史の局外に追いやられる。歴史の局外の、どこに、か？無論、歴史の終点、最後の審判の日に、である。われわれは、死者が、最後の審判の日に、われわれを待っている――固有の期待や希望をもって待っている――というイメージをもつことになるのだ。この場合、最後の審判の視点に承認されるということは、当然、死者の期待に応えることを意味する。

最後の審判の視点は、私が「第三者の審級」と呼んできた超越的な他者の、歴史認識の局面における現れにほかならない。この「最後の審判」と共同体の過去の「死者」との間の、今説明したような繋がりは、決して必然的なものではない。つまり、最後の審判の位置を占める第三者の審級は、共同体の死者たちでなくてはならない、というわけではない。「最後の審判」を、文字通りに追求することも可能だ。すなわち、過去の死者によってそれを充塡するのではなく、無限の未来に待っている、超越的な救済者の場として、それを直接に措定することもできる。反靖国の左翼が、事実上、なそうとしていることは、これである。その場合には、歴史は、そしてまたわれわれの「現在」は、死者たちが保持してきた共同体の「善」によってではなく、歴史の終局に仮想的に置かれた救済者の判断によって、つまり「普遍的な正義」によって裁かれることになるだろう。裁き手とその判断基準が異なるのだから、当然、その「判決」も、したがって歴史の「勝者」も異なってくる。第二次大戦でアジアに侵出した日本の軍人は、右派から見れば、無罪ではなくても情状酌量の余地が出てくるが、左派から見れば、決定的に有罪である。いずれにせよ、現在の日本社会は、自らに承認を与える、超越的な第三者の審級を、「戦後六〇年」の時間幅の内部に見出すことに、困難を感じているように思える。それを、過去の方に、つまり「六〇年」の以前に求めれば、右派に、逆に、未来の方に、「六〇年」の以降に求めれば、左派になることができる。

だが、左派のようなスタンスを取ったからといって、問題が解決するわけではない。つまり、「普遍的な正義」を体現し、無限の未来に待ち受けている、超越的な第三者の審級の存在を想定することによっても、「歴史」をめぐる困難が――あるいは「歴史」の中でのわれわれの現在のアイデンティティにかかわる困難が――解消するわけではない。困難を抽象的に解説する前に、左派の主張に即した場合に、靖国問題はどのように転換するのか、つまり戦争犠牲者の追悼はどのようになされることになるのか、を想像してみればよい。われわれは、ここに、簡単には片付きそうもない問題が次々と出てくるのを知るだろう。

左派の主張に従えば、靖国神社は、一民間宗教法人として、勝手にやってもらうほかなく[10]、これとは別に、戦争犠牲者のために、何らかの形式の公的な追悼施設が必要だ、ということになるだろう。問題は、その施設がどのようなものになるか、なるべきか、ということである。左派は、靖国神社が、軍人・軍属のみを合祀していることを批判してきた。先に述べたように、共同体の「死者」を第三者の審級へと転換しようとする場合には、追悼（や顕彰）の対象がこのように限定されることに理由があったが、左派には、そんな必要はない。左派にとっては、戦争の犠牲者は、もっぱら、悲哀の対象である。その中には、当然、日本の民間人も含めなくてはならない。

それだけではない。日本の侵略戦争による外国の犠牲者も追悼されなくてはならない。一般に、戦争中、「敵」に属した側の犠牲者もまた、一緒に追悼されなくてはならない、ということになる。日本の中世・近世では、仏教の「怨親平等」の思想に基づいて、ときに、味方と敵方の戦死者がともに慰霊の対象とされてきたが[11]、これと同じように、あるべき公的な追悼施設では、敵方の軍人や民間人もまたともに悼みの対象とされなくてはならないだろう。私も、これに賛成である。

だが、このように推論してくると、たちどころに、容易には解決できそうもない問題にぶつかることになる。たとえば、アジアの犠牲者を追悼対象に含めたとしても、彼らは、彼らの遺族は、日本の死没者と一緒に追悼されることを望むだろうか？　彼らが望むか望まないかは別にしても、加害者と被害者を同列に扱うことは、戦争責任の所在を曖昧にするものではないか？[12] 二〇〇一年に発足した、内閣官房長官諮問機関「追悼・平和祈念のための記念碑等施設の在り方を考える懇談会」の報告書では、「追悼対象の範囲については、祈る人の考えにまかせて細部までは定めない」としているが、報告書の細部を読み解けば、そこからは、少なくとも今後の日本の平和維持活動（≒戦争）との関連では、日本人の死没者は追悼対象となるが、外国人の死没者は追悼対象にはならない、との含意を引き出すことができる。ラディカルな左翼は、この含意に批判的である[13]（私もそうだ）。たとえば、日本の自衛隊が、アフガニスタンでの軍事行動を支援したとして、自衛隊員に犠牲が出れば、彼は、当然、公的な施設での追悼対象に含まれる。それだけではなく、アフガン人の犠牲者も、追悼されなくてはならない、というわけである。だが、犠牲者がアル・カイダのメンバーだった場合には、つまりテロリストの一味であった場合にはどうなるのだろうか？ オサマ・ビン・ラディンは、どうなるのだろうか？ 怨親平等の理念に立って、彼らを追悼すべきなのか？ しかし、そんなことをしたら、「A級戦犯の合祀」どころではない、国際的な非難を受けるだろう。とすれば、最後の審判の日の神の作業を代行して、死没者の中で、善い死没者と悪い死没者を判別し、前者だけを追悼対象の仲間に入れるのだろうか？ だが、そんな判別の作業を行ったら、戦争の死者の中から、とりわけ価値のある者だけを選別した靖国神社のやり方と——選別基準には相違があるものの——同じことになってしまうのではないか？

こうした政治的諸問題に対して、ここで解答を与えようとは思わない。これらの諸問題の基底にある、形而上の問題に考察の対象を絞ることにしたい。

＊

歴史は、最後の審判の視点を前提にして書かれる。最後の審判の位置から、つまり事後の位置から捉えたとき、「歴史」は、「そこ」へと至る必然の連鎖として見えてくる。その連鎖の中で、積極的な意味を与えられている者が、「勝者」である。

ここで、ひとつの思考実験を試みてみよう。ハリウッドには、『カサブランカ』の結末をめぐる、都市伝説のようなものがある。『カサブランカ』のラストは、よく知られているように、主人公のリーク（ハンフリー・ボガート）が恋人イルザ（イングリッド・バーグマン）との恋を断念し、彼女の方は夫とともに去っていく、というものである。だが、ハリウッド都市伝説によれば、監督や脚本家は、撮影が始まってもまだ結末を決めていなかった――だからイルザがリークとともに留まるなどの他の可能性もあった――というのである。実際には、この都市伝説は間違いで、かなり早い段階に、結末は決められていたようだが、今日のテレビドラマの撮影などでは、結末が撮影開始の時点で決まっていないことがしばしばあるので、こうした伝説にまったくリアリティがないわけではない。われわれは、実際の『カサブランカ』の結末を、非常に自然なものとして受け取っている。それは、物語の展開のほとんど必然の結果のように感じる。ここで、想像してみるのである。それならば、もし別の結末が撮られていたら、われわれは、それを変だとか、不自然だとか感じたのだろうか、と。ジジェクがあるところで断言しているように、決して、そんなことはあるまい。われわれは、今度は、別の結末を自然なものとして受け取ったに違いない。

こうした想像が示唆していることは、事後において出来事を「すでにあったこと」として捉える視点からは、どうしても、出来事の連鎖は、自然で有機的なものとして、つまりは必然性を有するものとして現れるほかない、ということである。ヘーゲルの「理性の狡知」のからくりも、この点にこそある。理性が、初めから目的を決めておいて、人間の活動をあれこれと調整しているわけではない。そうではなくて、事後に視点を設定したとき、まるで、それ以前の出来事が最終的な地点を目的として連なっているように見えてくるのだ。個々の出来事の意味は、事後的に与えられているのである。『カサブランカ』の都市伝説をめぐる想像は、別のことをも教える。結末は「他でもありえた」のだ。しかし、事後から出来事を捉える視点には、そのことはわからない。さらに、「他でもありえた」ということは、結末だけではなく、物語の展開のあらゆる瞬間、あらゆる出来事に関して、言えたはずだ。つまり、事後の視点にとっては、歴史は、「ここ」へと至る必然の連鎖だが、渦中にあっては、つまり歴史の過程に参加していた者にとっては、それは必然とはほど遠い。それは、「他でもありえた」中にあって、「これ」が実現し、また選ばれていくことの、連続だったのだ。つまり、歴史の各瞬間が、自由な選択の帰結だったのである。しかし、事後の視点から捉えた歴史は、物語的な必然性を構成してしまい——つまり「こうであるほかなかったもの」として見えてしまい——、その中には、「他でもありえた」という可能性は登録されることがない。歴史の中には登録されることがない、この「他でもありえた」という可能性、こうした可能性に加担した人々、こうした可能性の中でしか意味を与えられない人々、彼らは定義上、歴史の敗者である。「勝者」は、最後の審判の視点によって、その存在を承認された者のことなのだから。しかし、歴史の生成の中に参与するならば、任意の地点に、敗者の可能性が隣接している。誰もが、敗者たりえたという可能性があるのだ。「他でもありえた」という可能性の中で「これ」が選択されたということが自由を意味するのだから、敗者でありえたということは、歴史の渦中にあって、人が自由な選択の主体であったということ以外の何ものでもあるまい。

事後の「最後の審判」の地点から捉えたときには、歴史のあらゆる過程の中に孕まれている、苦渋に満ちた、自由選択の契機がどうしても見失われる。ここでもう一度、『終りに見た街』のことを思い起こしてみよう。あの戦争は馬鹿げた戦争だった、間違った戦争だったという、要治や敏夫の感覚は、多くの戦後の日本人に共有されている。われわれの多くは彼らの意見に賛成するだろう。それでも、なお、われわれは、新也の意見の方に、より深いものを感じてしまう。なぜだろうか？　要治・敏夫の見解の中には、歴史の生成過程に参加している者たちが、一つひとつの行き詰まりの状況の中で苦しみながら決断し、事態を引き受けたときの、選択の重さが、完全に消し去られているからである。

だからといって、靖国神社のような施設で、新也がサポートしようとしている人々――国のために死んでいった者たち――を慰霊したり、顕彰したりしたところで、問題が解消するわけではない。その場合には、別の者が勝者になるだけのことである。どちらにせよ、誰もがどの瞬間においても敗者となって(歴史認識から)見捨てられる可能性があったという事実と裏腹の、生成する自由決定の契機が、抹消されてしまう、という点では同じことなのである。だから、要治・敏夫と新也の間の対立は、ただの意見や価値観の対立ではなく、[14] 歴史認識が一般に孕む矛盾の表現である。歴史のどの局面にも、この矛盾は孕まれている。が、その矛盾は、革命や戦争のような転換期に集中的に噴出する。そのとき、多くの敗者が生まれるからである。そこは、多くの希望や願望や理念の墓場でもあるからである。

4 歴史神学

それならば、どうすればよいのか？　歴史の渦中にある生成の契機を掬いだし、敗者を救済することができるような、そんな歴史認識の可能性はあるのか？

ここで、再び、左派のスタンスのことを想起しておこう。左派は、「普遍的な正義」の存在を前提にする立場であった。それは、無限の未来に——つまり人類と宇宙の歴史を全体として通覧できる位置に——、「最後の審判」を下す救済者を想定するのと、論理的には同じことに帰する。それに対して、右派は、言ってみれば、不完全な「最後の審判」を想定していることになる。というのも、右派は、全人類・全宇宙を視野に収める神の代わりに、特定の共同体のみを視野に収める死者を置くのであり、それは共同体が歴史的なアイデンティティを持続させる有限の時間幅の中でしか意味をもてないからである。その結果として、右派にとっては、死者＝「第三者の審級」は、共同体が伝統的に保持してきた「善」を代表することになる。当然、それを阻害したり、傷つけたりする者は、「悪」であり、「敵」である。左派の「最後の審判」が、これとは異なった真正のものであることの端的な現れは、——戦死者の追悼という問題との関連で見た場合には——敵方の犠牲者をも追悼の対象に含めるべきだ、という主張の内に見て取ることができる。だが、先に示唆したように、敵をも追悼しようとすると、たちどころに、困難にぶちあたることにもなる。「普遍的な正義」の中に包摂しようもない、根本的な「悪」が残ってしまうからである。

「普遍的な正義」が、実際に、どのような内容をもつものなのか、誰にもわからない。だが、それは、定義上、可能な善の構想、可能な規範的な構想のすべてを、それぞれ固有の権利において承認するものでなくてはならない。だが、歴史を振り返れば、「普遍的な正義」の「普遍性」を裏切る、絶対的な悪が存在しているようにも見える。その「悪」は、「普遍的な正義」を具現する第三者の審級にも見捨てられる、歴史の究極の敗者なのだろうか？　たとえば、日本の侵略戦争に熱心に加担した、日本の軍人は、救いようのない、歴史の敗者であろうか？　だが、無駄な、あるいは間違った戦争の遂行者として、彼らを単純に拒否するならば、『終りに見た街』の要治や敏夫の見解に与することになる。しかし、日本の軍事行動にも、一片の「善」が含まれていた――たとえばアジアの解放戦争でもあった――などということが言いたいわけではない。もし望むならば、問題をより鮮明に浮かび上がらせるために、ナチスによるユダヤ人虐殺で考えてもよい。ユダヤ人虐殺にも、一パーセントの善いものがあったとは誰も言えまい。

われわれの問いは、神学上の有名な難問と同じ構造をもっている。全能の神の存在を認めたとき、この世界に悪が存在しているのはなぜなのか？　神の存在と悪の存在を、どのようにして調和させて、理解すればよいのか？　神が悪を含む世界を創造したのはなぜなのか？　こうした問いは、特定の宗教にコミットしている者にのみかかわる問題だと考えたら、大間違いである。この古典的な神学上の難問は、宗教からは独立した普遍的な問いの範型をなしているのである。なぜか？　世俗の歴史認識そのものが、神学的な構成をとっているからである。つまり、歴史認識が、一般に、最後の審判の視点を前提にしているからである。

この難問に対する神学的な解答は、二つのパターンに集約できる。神の超越的全能性・唯一性に最後まで固執する解答と、神の全能性を放棄してしまう解答の二つだ。それらは、靖国問題に即して論じてきた、左派と右派に、それぞれ対応づけることができる。

神の絶対的な主権、神の比類なき全能性を保持する見解こそが、正統的なものであろう。この見解に即した場合には、当然、悪の存在そのものも、神の責任である。さまざまな説明が試みられてきた。たとえば、「悪」の存在を、人類の罪に対する罰と解釈したり、未熟な人間のための教育や試練として解釈する理説が提起された。しかし、こうした解釈が説得的であるとは限らない。仮に、日本の対米戦争が、アメリカをはじめとする西洋の帝国主義的な侵略という「罪」への罰の一種として解釈できたとしても、アジア侵略までもその線で相対化するのは難しい。アメリカの原爆投下という「悪」を、何らかの罰や未熟さに対する措置と見なしたら、あまりに冒瀆的ではないか。そもそも、こうした説明は、「悪」の存在を、別の「悪」の存在（人類の罪や未熟さ）によって解釈しようとするものであって、循環論法に陥っている。それゆえ、神の全能性に固執し続けた場合には、ただ、神は神秘的であり、――ヨブに対してそうであったように――神は不可解だ、と結論するほかなくなる。無論、これは、説明の放棄以外のなにものでもない。いずれにせよ、「普遍的な正義」の存在を想定する左派のやり方は、神の全能性を信ずる、この立場に似ている。

もうひとつの可能な解答は、神の絶対の全能性という前提を放棄し、神の能力に、限界を設ける解釈である。こうした解釈を整合的に追求したときに導かれるのは、神の外部に、神の主権が及び得ないもうひとつの契機を認める理説である。すなわち、善を担う神と、悪を担うもうひとつの契機（悪魔や反キリスト）との間の葛藤として、歴史を描くわけだ。こうした理説の代表は、グノーシス主義である。「善」を特定の共同体の伝統の範囲のものとして限定してしまう立場、「善」の還元不可能な多元性を容認してしまう立場（それぞれの共同体にはそれぞれの「善」がある）、したがって、ある共同体の「善」が別の共同体にとっては「悪」である可能性を認めてしまう立場、要するに靖国参拝を容認する右派は、善・悪の二元的（多元的）葛藤によって世界を描写する、この種のキリスト教異端と似ていないだろうか。

この対立——全能の神と有限の神との対立——が構成するデッドロックを乗り越える、第三の立場はありうるだろうか？　ある。デッドロックは、神が絶対の善であって、無謬であると見なすところから来ている。デッドロックを脱出する道があるとすれば、それは、神（＝第三者の審級）そのものが悪であるということ、神が悪をなしうるということ、したがって神が可謬的であるということ、これらのことを認めるところに見出されるのではないか。こうした提言は、決して奇抜なものではない。神が、人間的な苦悩や挫折にまみれた一人の男——つまりイエス・キリスト——であるということの含意は、まさにこの論点にあると考えられるからだ。

神＝第三者の審級を、悪の可能態のひとつであると見なすということは、神＝第三者の審級を歴史化し、歴史の渦中に投げ込むことである。通常の「最後の審判」の構成においては、神は、歴史の過程の局外に身を置いている。だからこそ、神は、純粋な善たりえたのである。神は、過ちを犯しようがないのだ。逆に言えば、神を悪の可能な在り方のひとつであると見ることは、神が、歴史の渦中で苦悩したり、歴史に影響されたり、ときに失敗したりするということでもある。

このように解釈しておけば、冒頭に記した、「創世記」の寓話の謎も解けてくる。われわれの疑問は、こうであった。神が、禁断の木の実が生えているエデンに、アダムを棲まわせ、彼を堕落へと誘惑したのはなぜなのか？　通常の解釈では、この堕落は、ずっと後になって、キリストによって贖われる。後で贖うならば、神は、なぜ、こんな意地の悪いことをしたのだろうか？　無垢で、全能なる神が、弱き人間であるアダムを誘惑していると解すれば、この逸話はまったく奇妙なものになってしまう。だが、「コリント人への第一の手紙」の中で、パウロが、キリストのことを「最後のアダム」と呼んでいることがヒントになる。純潔で、善なる神＝キリストと、悪をなし、堕落した人間＝アダムとを別のものと見なしてはならなかったのである。悪をなすアダムこそが神なのである。アダムの原罪とキリストの贖罪は、同じものなのだ。

第三者の審級（神）そのものに悪が刻まれており、第三者の審級が破壊的な失敗をなしうるということ、それゆえ、第三者の審級が歴史の生成過程の中に巻き込まれているということ、このことを前提にしたとき、歴史がまったく異なった相貌をもって現れるはずだ。もう一度だけ、『終りに見た街』に立ち戻っておこう。主人公は、「終り」に、戦争の後に、つまり——戦争との関連において——最後の審判の立場に、自分はすでにいると思っていた。ところが、「終りに見た街」は、戦争の渦中の自分たち自身の現在（二〇〇五年）の街だったのである。超越的な位置から戦争の善・悪を判断していた主人公自身が、戦争の中に降り立っていたのだ。

註

1 三土修平『靖国問題の原点』（日本評論社、二〇〇五）。
2 以下、柳田に関しては、内田隆三『国土論』（筑摩書房、二〇〇二）第二部・第一章を参照。
3 江藤淳、小堀桂一郎編『靖国論集——日本の鎮魂の伝統のために』（日本教文社、一九八六）所収。
4 以上、これら二点に関しては、高橋哲哉が同じことを指摘している。高橋哲哉『靖国問題』（ちくま新書、二〇〇五）、一六四—一六六頁。
5 佐藤卓己『八月十五日の神話』（ちくま新書、二〇〇五）。
6 ためしに、アメリカ人に「対日戦争はいつ終わったか」と質問してみるがよい。よほどのインテリでも、（年はともかく）日付まで答えられないし、仮に日付を答える人でも、「八月一五日」を挙げる人は、日本研究者でもない限りは、皆無であろう。日本が「八月一五日」にこだわった結果、東アジアでは、この日が終戦の日として確立しつつある。中国は、長い間、九月三日を終戦と見なしてきた（どうして、降伏文書の調印の次の日なのか、理由はわからない）。

7　江藤淳は、「八月一六日」を終戦と見なすべきだ、という独特の見解をもっていたという。八月一六日とは、（正当防衛以外の）一切の戦闘行為の停止の命令が、天皇から日本軍に正式に通達された日である。この日が選ばれれば、ますます、「敗戦」の比重は小さくなり、自発的な「終戦」としての意味が強調されることになるだろう。

8　このことをあからさまに示しているのが、事実上軍隊をもつことが許されたということである。

9　加えて、「八月一五日」がお盆の最中である、ということが大きい。この日が終戦の日とされることで、戦争の死者たちは、家の祖霊の中に統合されたのである。これこそ、柳田國男が望んでいたことではないか。

10　本音からすれば、靖国神社など取り潰してしまいたいというところだろうが、「信教の自由」との関連で、今となっては、それはできまい。ついでに指摘しておけば、旧植民地やクリスチャンの遺族が、彼らの親や祖父の霊を分祀して欲しい、と靖国神社に要求することがあるが、もし靖国が、「政教分離」の原則を厳格に守り、民間の法人にとどまるならば、この分祀の要求は通るまい。つまり、遺族がいかに不快であっても、誰を祀るかは靖国神社の「信教の自由」の範囲内のこととして、あきらめるほかない。ローマ法王が人類のために祈りを捧げることに対して、「私はカトリックではないので、その祈りの対象からはずしてくれ」と言えないのと同じである。

11　ただし、それは敵の死者の霊が祟るのを恐れたからでもあっただろうから、必ずしも、立派な利他的動機に基づくものとは言えまい。

12　死没者の国籍や民間人／軍人の区別を問わず追悼の対象にしている施設としては、ドイツのノイエ・ヴァッヘ（国立中央戦争犠牲者追悼所）や沖縄の「平和の礎」がある。

13　たとえば、高橋哲哉、前掲書、一九〇―一九四頁。

14

繰り返せば、新也の意見に賛成できないのに、そちらにより深い真実を感じてしまうのはこのためである。

第4章

〈山人〉と〈客人〉

1　敗戦に際して——柳田と折口

近代日本において、国家と天皇について独自の考察を行った民俗学者に柳田國男と折口信夫がいる。本章では両者の思想を、ナショナリズムの視点から検証しよう。

柳田國男も折口信夫も、太平洋戦争の敗戦が日本人にとって未曾有の精神的なダメージになったということ、そして、彼らの学問、すなわち民俗学こそはそのダメージに対応できるし、またしなくてはならないということ、こうした点に関して、共通の認識をもっていた。しかし、ダメージに呼応して提示された二人の学問の内容は、対照的なものであった。

柳田國男については前章で紹介したが、ここでも、あらためて確認しておこう。柳田國男の日記によれば、柳田は、一九四五年八月一一日——「土よう　晴あつし」とある——に、元警視総監長岡隆一郎より、「時局の迫れる話を」、つまり終戦が近いことを知らされる。日記は、この事実を記したあと、「いよいよ働かねばならぬ世になりぬ」と、自身の決意を記した文が続く。

この決意の結果、柳田が戦後まもなく上梓したのが『先祖の話』である。この著作での柳田の学問的な問題意識は、家の存続ということの信仰上の基盤を明らかにすることにあった。それはさらに、戦争における死者を救済し、慰霊しなくてはならないという、実践的な問題意識によって駆り立てられていた。「人を甘んじて邦家の為に死なしめる道徳に、信仰の基底が無かつたといふことは考へられない。さうして以前にはそれが有つたといふことが、我々にはほぼ確かめ得られたのである」。戦争による死を犬死ににしてはならない、というわけである。

だが、家の存続を支える祖霊崇拝の伝統の存在を実証することが、どうして、死者の救済になるのだろうか？　戦場に散った若者たちの死は、国のための、国体のための、もっと端的に言えば天皇や皇室のための死であった。敗戦ということは、死者たちがそれのために死んでいったものが、つまり天皇や皇国といった観念が、無意味なものへと転ずることである。つまり、天皇をその内部に位置づける万世一系の血統から、その超越性が完全に奪われることを意味する。[1] このとき、死者たちの死を無価値から救済するためには、皇室や天皇家の伝統などはその一部でしかないような、もっと包括的で深い伝統が、日本人という「民族の自然」にはあることを実証し、その死を意味づけなおすほかない。そうして、死をあらためて意味づけるような参照枠として柳田が提起したのが、家の存続を支える先祖信仰である。皇室や国体のため（のみ）の犠牲と見れば、若者たちの死や彼らを戦場へと送り出した戦前・戦中の日本人の行動は、無価値だったとしか解釈できない。しかし、彼らが守ろうとしたのは、敗戦によって失われることのない家であり、それゆえ彼らは祖霊の集合の中に迎え入れられるのだとすれば、その死も、それを応援した人々の行動も無価値とは言えないだろう。

だが、こうした仕事は、厳密には、戦死者たちを救済したことにはならないだろう。若者たちは、国や天皇のために戦場に赴いたのであって、必ずしも家のために戦争に行ったわけではないからである。家のためのみであれば、彼らが、あるいは日本人が、戦争遂行に積極的に同意したかどうかはわからない。この不整合は、『先祖の話』にも明確な痕跡を残すことになる。たとえば、益田勝実や中村生雄は、「七生報国」の項には、この書の他の部位とは接続できない、論理の飛躍があると指摘している。[2] この項の中で、柳田は、江戸時代の尼僧の時世の歌を引用しているが、その尼僧が「又も来ん人を導くえにしあらば」と詠んだときの「えにし」が、柳田にとっての「同じ一つの国」であったとはとうてい見なしがたい。益田は、「終始一貫〝家〟をめぐっての民族の思想を考察してきたものが、一躍、〝国〟をめぐっての結論に走っていった」と批判している。[3]

折口信夫はどうであったか？ 柳田が、「時局の迫れる」のをときの政府の中心に近い人物から聞いていたと思われる、ちょうど同じ頃、折口は、民間人（牧師の団体）との会話をきっかけとして、天啓のようなひらめきに襲われ、愕然とする。

昭和二十年の夏のことでした。

まさか、終戦のみじめな事実が、日々刻々に近寄つてゐようとは考へもつきませんでした。その或日、ふつと或啓示が胸に浮んで来るやうな気持ちがして、愕然と致しました。それはこんな話を聞いたのです。あめりかの青年達がひよつとすると、あのえるされむを回復する為に出来るだけの努力を費した、十字軍における彼らの祖先の情熱をもつて、この戦争に努力してゐるのではなからうか、と。もしさうだつたら、われわれは、この戦争に勝ち目があるだらうかといふ、静かな反省が起つても来ました。

こうした啓示に端を発する折口の戦後の仕事は、柳田とは、まったく反対を向いたものになった。今しがた述べたように、柳田の場合には、（近代）天皇制や皇室崇拝を、それらの基礎にあって、それらを規定してもいた先祖信仰へと深化させようとした。それに対して、折口は、民族宗教である（近代）天皇制を全的に否定し、日本の古代の観念の中から、キリスト教に匹敵するような普遍宗教（人類教）に繋がる要素を掬い出そうとした。その際、折口は、系譜の一貫性・同一性を保証する神、つまりは祖霊的な神を、根底から否定することになる。柳田が全力を挙げて復活させようとした当のものこそ、折口にとっては、拒否の対象だったのだ。

神道を普遍宗教へと転ずるためには、つまり神道を先祖信仰から分離するためには、皇室の起源とされる天照大神の重要度を下げなくてはならない。天照大神に代えて、折口が信仰の基礎に据えるべきだと見なしたのは、天地開闢の原初に現れたとされる、高産霊神・神産霊神などの「むすびの神」である。「むすび」とは、生命の原理、霊魂を付与する原理であり、「むすびの神」は、折口によれば、人格神ではなく、祖先神に端を発する人間の系譜からは超越した神である。

天皇制の改革をひそかな企図として宿していたと考えられる、折口の敗戦直後の論考としては、「女帝考」が注目される。[4] 一見、これは、純学問的な業績である。この中で、折口は、「中皇命・中天皇（ナカツスメラミコト）」について考察している。一般には、これは、暫定的な、ワンポイントリリーフのような「中継ぎ天皇」のことだと考えられている。戦後、天皇が退位し、皇族の中の誰かが、中継ぎ天皇として即位するという可能性は十分にあった。しかし、折口の解釈では、「ナカツスメラミコト」は、中継ぎ天皇とはまったく異なったものである。

まず、折口は、『古事記』や『日本書紀』の中に出てくる、飯豊皇女についての通説を否定する。飯豊皇女は、本居宣長の読解にもとづいて、清寧天皇の後の中継ぎ天皇と解釈されてきた。しかし、折口は、『古事記』を訓み変え、飯豊皇女は、日継ぎ・世継ぎの次第を定めるというような重大事を行う、特別な霊的能力を有する女性だったと推定する。ここから、さらに、ナカツスメラミコトが何であったかということについての折口の解釈が提起される。

天皇（スメラミコト）の「スメラ」とは「最貴」の意味であり、「ミコト」は「御言執ち（ミコトモチ）」の略である。中皇命（ナカツスメラミコト）とは、天皇（スメラミコト）でありかつ「中」だということになる。それならば、「中」とは何か？　何と何との間の「中」なのか？　折口によれば、それは、天神と天皇との中間という意味である。要するに、折口によれば、天神と天皇とを媒介する、霊的能力を有する女性、それこそが、ナカツスメラミコトである。天神は、折口の学の中核にあるマレビトに他ならない。戦前、すでに、折口は、たとえば「水の女」で、水の呪力を管理する女性がいて、彼女たちが天皇の即位の際の禊に奉仕した、と論じていた。そこでは、皇后の起源が、この「水の女」であることが示唆されている。「女帝考」は、こうした論を発展的に継承するものだと見なすことができるだろう。

さて、以上のように、柳田と折口が、敗戦が引き起こす日本人の精神的な危機、それと並行した天皇制の制度的な危機に対して、それぞれ提起した学問的な処方箋は、まったく対立的である。こうした対立は、どこから来るのか？　対立の淵源には、両者の学問の根幹的な内容が、あるいは学問的な態度の相違がある、ということを示してみよう。とりわけ、共同体に対する外来者・外在者の位置づけの内にこそ、両者の相違の源泉があるのだ。

2　〈山人〉と〈客人〉

前節の最後にも触れたように、折口の体系の中核には、マレビト（客人）がある。マレビトとは、共同体の外部から来訪する神である。折口は、「第一義では海彼岸――普通の意味では、これを常世と呼ぶ。――から周期的に来訪し、古代の村々の生活を幸福にして還つて行く霊物を意味してゐる」と、マレビトを定義している。折口の考えでは、言語表現（いわゆる「国文学」）に関しても、あるいはより一般的に社会的な秩序に関しても、それらの形式を生み出す基本的な原理、すなわち「規範」は、マレビトによってもたらされたと認知されることにおいて、日本の古代の共同体においては、その効力を発揮することができた。

マレビトへの信仰は、基本的には、「土地の神／マレビト」、すなわち「（共同体の）内部／外部」という二項対立を前提にしている。マレビトが、土地の神を圧伏し、それを従わせた、というわけである。たとえば、折口は、沖縄本島の「村をどり」に、マレビト来臨の構図の基本を見ている。この儀礼は、「長者の大主」「儀来の大主」「親雲上（ペイチン）」の三つの身体を軸にして展開する。土地の神、つまりマレビトを迎える土地の者に対応するのが、「親雲上」であり、マレビトに対応するのが、「長者の大主」である。そして、「儀来の大主」は、土地の精霊、すなわち共同体の神を表象している。儀礼の中核的な筋は、土地の精霊がマレビトに服属して、舞踊を披露するところにある。

もし、折口が述べていることが妥当であるとすれば、すなわち、もし、日本の共同体の共同性を維持する信仰の基底がマレビトへの信仰にあったとするならば、その共同性には、外部性が初めから、還元不可能な形で刻印され、書きこまれているということになるだろう。共同体の同一性を保証する規範そのものが、外部からやってきた他者に由来しており、そのことを共同体の成員たちが言わば無意識の記憶の内にとどめていることになるからだ。折口が、敗戦に際して、家の系譜性・連続性を支える神や民族神を拒否した理由は、ここにある。先祖崇拝や民族神は、家や共同体を、その固有性・純粋性において維持することに資する神だからである。

ところで、柳田國男の初期の民俗学の中にも、折口の「マレビト」とよく似た形象が、折口だったら「マレビト」の一種に数えたかもしれないような神が登場する。「山の神」である。柳田にとっては、平地に住んで、稲作農耕する民こそが、日本人の基本的な姿――いわゆる「常民」――である。こうした稲作農耕という生活を前提にしたときには、その由来を説明しがたい「山の神」についての伝承や説話があることに、柳田は注目していたのだ。

たとえば、明治四二年の『後狩詞記《のちのかりことばのき》』には、山の神についての記述が随所に見られる。記述は、体系化されてはいないが、たとえば猪を捕獲したときに、銃を三度発砲して山の神に献ずる風習などが紹介され、その多くは――すべてではなく多くが――、山の神は狩猟の民が祀る神であることを暗示している。そして、柳田は、「実の所私はまだ山の神とは如何なる神であるかを知らないのである」と記している。その翌年の『遠野物語』には、山の神との遭遇譚がいくつか採られている。それによると、山の神は、常に、赤い顔で輝く眼をもつ大男である。山の神と出会いやすい時空があるらしく、たとえば小正月の晩のような境界的な時間には山の神がしばしば出現する。山の神と遭遇した者は、祟り（病や死）を受けるか、逆に予知や占いのような異能を与えられるかのいずれかである。

やがて、柳田は、山の神は山人に由来するのではないか、という仮説に到達する（「山民の生活」〔明治四二年〕等）。山の神は、山と平地の境界に祀られる神である。山の神は、その境界の向こう側に所属する人々に由来する神ではないか。柳田はこう推論する。その「境界の向こう側の人々」こそ、山人である。

山人とは何か？　山人とは、稲作農耕を主たる生業とする日本人から見れば先住民であり、狩猟を主として営んだ異民族である。山の神は、山人に由来する神だった、というわけである。折口のマレビト論も、外来の民族による征服という歴史過程を連想させるが、柳田も、列島にもともと住んでいた先住民（山人）が、外部からやって来た者によって、征服されたり、追い出されたりする歴史過程があったと推定したのである。ただし、マレビト的なものの位置づけが、折口と柳田では逆になる。折口の場合には、マレビトが、土地の神を征服する。しかし、柳田においては、山人と山の神が、日本人によって征服され、外部へと排除される。両者のこうした違いは、「天つ神／国つ神」の対照と関連づけると、鮮明になる。折口の理説では、天つ神がマレビトであり、国つ神が土地の神だが、柳田の考えでは、逆に、天つ神を頂く日本人によって追い出された国つ神にこそ山人は対応している。

ともあれ、柳田の考えでは、山人は、列島の先住異民族である。先住異民族の末裔である山人は現在でも実在する、と柳田は考え、明治四〇年代から大正期一杯をかけて、その証拠探しに没頭する。

たとえば、「天狗の話」（明治四二年）では、天狗は山人を見誤った姿であり、「日本の諸州の山中には明治の今日と雖も、まだ我々日本人と全然縁の無い一種の人類が住んで居る」と述べている。あるいは「山人外伝資料」では、自らと山人との血縁関係すらも暗示している（「拙者とても十余代前の先祖は不定である。彼等〔山人〕と全然血縁が無いとは断言することが出来ぬ」）。

だが、山人の現在における実在が実証されるはずもなく、山人への情熱は、大正末年には、突如として消えてしまう。山人のような異民族がいる――あるいはいた――という説を、柳田は、事実上放棄してしまうのだ。しかし、そうだとすると、山の神の由来は、どう説明されるのだろうか？　山の神についての説話や習俗は、確かに存在している。山人がいないとすれば、なぜ、山の神への信仰が存在しているのか？

山人がいないとすれば、山の神は、稲作農耕民である常民の信仰の中に、初めから内在している、と考えるほかない。稲作農耕民の神とは、田の神であり、それは家の神、すなわち祖霊と同じものである。最終的に、柳田は、山の神と田の神とを同一視するに至る。田の神が、季節的な循環に応じて、山の神へと転換し、また田の神へと回帰する、というのが柳田の結論である。『先祖の話』には、次のようにある。

たとへばもう久しい前から、私たちの注意して居る一事、春は山の神が里に降つて田の神となり、秋の終りには又田から上つて、山に還つて山の神となるといふ言ひ伝へ、……日本全国北から南の端々まで、さういふ伝への無い処の方が少ないと言つてもよいほど、弘く行はれて居るといふのが大きな事実であつて、しかもそれにはまだ心付かぬ者が多い。……農民の山の神は一年の四分の一だけ山に御憩ひなされ、他の四分の三は農作の守護の為に、里に出て田の中又は田のほとりに居られるのだから、実際は冬の間、山に留まりたまふ神といふに過ぎないのであつた。

ここからは、稲作農耕に従事する共同体の生活と社会秩序からは説明できない神がいるという当初の直観、焼畑農耕や炭焼、伐採、あるいは狩猟といった仕事を中心においた人々の神がいるという本来の印象、そうしたものはすっかり失われている。天皇制の危機に際して復活させるべき日本の伝統は、稲作農耕民の固有の信仰である祖霊崇拝しかありえないとする結論は、こうして不可避なものとなる。

折口信夫のマレビト論にも通じえた、柳田の当初の感覚が消滅してしまったのは、なぜなのだろうか？　少なくとも、それは、実証的な事実とは関係がない。[5] ほぼ同じ事実についての認識をもとに、折口は、マレビトという仮説を維持しえたわけだし、そもそも、民俗学が提示しうる事実の集積からすれば、むしろ、稲作農耕民の信仰とは別系列の信仰が持続してきたと見なすほうが、むしろ自然だからである。[6] 言い換えれば、柳田における「山の神」の独自性と「山人」の消去は、彼の議論を支える理論的な構えの問題として説明されなければならない。[7]

3 外的関係の主体化

柳田國男の民俗学から「山人」と「山の神」の説が消え去ったのは、どうしてなのか？　最初に結論を述べておこう。

共同体が自己同一性《セルファイデンティティ》の自覚を獲得するには、外的関係が前提になる。この点までは、柳田の議論は正しかった。日本人が日本人としての、すなわち稲作農耕民としての自身を意識するためには、異民族であるところの山人との偶発的な出会いが必要になる。日本人が自らを固有の民族として自覚するためには、自らが侵出していった場所にたまたま先住していた異民族との葛藤を経て、自身と、他者であるその異民族との差異を認識することが必要だったのだ。

柳田の議論に欠けていたことは、この外的関係を、共同体が、どのように主体化したのか、ということについての説明である。共同体が、どのようにして、外的で偶然的な関係を自らのものとして引き受けることになるのか、この機制が明らかにされなくてはならない。偶然性は、主体化されることで、遡及的に必然性へと様相を転換させる。このことは、占いのことを思えば、容易に理解できるだろう。あいまいでどうとでも取りうる予言と現実の生活との偶然の一致が、まさに「自分のことを語っている」こととして受け取られ、的中すべくして的中したと見なされるのは、顧客となる人物が、占いに主体的にコミットしている場合に限られる。柳田の議論に決定的に欠落しているのは、偶然性に必然性の衣を着せる、共同体の主体化のメカニズムへの配慮だ。このとき、（日本人の共同体と異民族である山人との間の）外的関係は、理論そのものにとっても外的で偶然的なものと見なされ、ささいな理由によって脱落し、消え去ることにもなるだろう。実際に、柳田の議論が辿った運命がそれである。

これに対して、折口の論には、マレビトとの外的な遭遇を、共同体が主体化するメカニズムについての説明が含まれている。それこそ、マレビトを共同体に迎えるためには、女の媒介が、特殊な霊的能力を有する女による媒介が必要になる、とする折口の論点である。女は、マレビトに恋焦がれ、マレビトを待望する。その女の思慕に応ずるようにして、マレビトは来臨する。当事者にはこのように意識されている関係を、われわれの観点から捉え直せば、次のようになる。共同体は、（共同体内の）女への関係の延長線上に、マレビトを見るのだ、と。もう少していねいに説明する必要があるだろう。

折口によれば、女は、「神（マレビト）の嫁」である。つまり、女とマレビトとは、性の交わり（の隠喩で指示されうる関係）をもつのである。折口の「女」に関連する記述を少しばかり繊細に読むと、この性愛関係は、二種類の対立的な契機により成り立っていることがわかる。

第一に、折口が「水の女」という語のもとに要約した、マレビト＝神を迎える女の機能がある。たとえば、『古事記』の垂仁天皇についての行の中に、次のようなエピソードが記されている。天皇が皇后に皇子の養育法について質問すると、皇后は、「御母《ミオモ》を取り、大湯坐《ユエ》・若湯坐《ユエ》定めて、ひたし奉らば宜しけむ〔養育を担当する女性として老若の二人を定め、皇子を産湯につかわしたらよろしいでしょう〕」と答えたというのだ。折口によれば、産湯をつかさどった女性についてのこうした記述は、古代に神＝マレビト――このケースでは天皇・皇子がそれに対応する――に仕えた「水の女」が存在していたことを、証拠だてている。さらに、たとえば、折口の考えでは、「ミヌマ（水沼）」「ミツハ（水葉）」「ミブベ（壬生部）」などの語が、水の霊力を通じて、貴種の復活や誕生などにかかわった女性が存在していたことを暗示している。[8]

水の女とは何か？　水によってとりわけ強調されていることは何か？　「水の中の神」は、「子宮の中の子」を連想させるだろう。折口によれば、水の女が操る「みづ」は、通常の水ではなく、「斎《ユ》」であった。「斎」は、常世から流れてくる水であって、普通の水より温かい。それは体温のような温かさをもっていただろう。つまり、水は羊水のごときものだったに違いない。このように、水の浸されたマレビトは、子宮内の胎児のごとき状態にあることを想えば、「水」に託された、女とマレビトとの関係は密着性、触覚的な密着性ではないだろうか。

第二に、女には、「衣」によって表象される重要な役割があり、それは、水の霊力によって（マレビトに）触れることとは異なる――というより対照的な――意義をもっていた。たとえば、「大嘗祭」を考えてみる。大嘗祭は、折口の解釈では、新天皇がマレビトを迎え、マレビトから「魂（天皇霊）」を受け取る儀式である。先に言及した「むすびの神」の「むすひ」とは、この「魂」のことだと見てよいだろう。さて、その大嘗祭において、女は、特別な衣裳を用意し、それを新天皇に着せなくてはならないのだ。衣裳は、「天の羽衣」と呼ばれる。まるで、マレビトは衣を通してしか到来しないかのようである。

折口は、後代にはマレビトが天皇にもたらす天皇霊と著物がほとんど同一視され、天皇霊を分割する儀礼が、著物の分配（衣配《キヌクバ》り）の形態をとった、と解説している。著名な講演「大嘗祭の本義」の中で、折口は、タイトルに反して、大嘗祭の行事の実際の執行の様態には、一言も触れていない。行事の実際に最も肉薄している場面は、悠紀・主基両殿における寝所についての論述である。ここで折口が話題にしていることは、天皇の寝具についてのみだということに注意しなくてはならない。逆に言えば、寝具こそが、大嘗祭の核心なのである。折口はそこで、褥と衣（衾）を併置しているが、松浦寿輝は、この点にふれて、両者は、合体し溶融してしまってひとつの装置を形成しているのではないか、と示唆している。[9]つまり両者は、生の身体を包み込む仕掛けであるという点で同じ機能を担っているのである。すぐ後の「裳」についての記述も、それが「裾を長く引いたもの」であって、包み込む機能を主眼としていることが強調されている。

すると、ここでわれわれは気がつかざるをえない。身体に触れることの密着性に連なる「水の女」の系列と、同じ女によって用意される「天の羽衣」の系列とは、まったく対立しており、両系列は反対の方向を向いたベクトルを形成している、ということに。一方は、身体の間の関係が、直接的であることを指向している。他方、衣は身体を包み込むものであって、したがって、身体の間の関係を間接化することを指向する。

この背反する二つのベクトルをどのように統一的に把握すればよいのか？　触れるということは、触れられることでもある。〈私〉が何かに触れるということは、その何かが〈私〉に触れているということであろう。〈私〉が触れているとき、〈私〉は、〈私〉に触れられているその対象もまた、〈私〉とは異なる固有の能動性を有する身体であることを、つまり〈他者〉であることを直観するのだ。だが、このとき、〈私〉が、その〈他者〉の〈他者〉たる所以を、つまり外部にあるその固有の能動性を捉えようとしたらどうなるだろうか？　〈他者〉の能動性そのものに触れようとしたらどうなるだろうか？　そうした途端に、〈他者〉の能動性は、〈私〉の把握しようとする志向から逃れ、その対象は、〈私〉によって触れられているだけの冷たい事物へと転じてしまうに違いない。

エマニュエル・レヴィナスは、「触診であることに突如気づいてしまう愛撫」という巧みな例を用いている。愛撫が成り立つのは、触れることの相互性が成り立っている場合だけである。つまり、指が触れている相手の皮膚を、それ自身、生ける能動性として感受している場合にのみ、それは愛撫たりうる。だが、触れている最中に、みずからを意識してしまった愛撫は、もはや愛撫ではありえず、触診に成り下がってしまう、とレヴィナスは指摘する。日本語の話者としては、こう言ってもよいだろう。愛撫と触診の差異は、「(〜に)触《フ》れること」と「(〜を)触《サワ》ること」の差異に等しい、と。愛撫(触れること)は、触診(触ること)への堕落と、常に隣接している。

そうであるとすれば、(〈私〉にとっての)〈他者〉の実在性は、〈私〉の把握しようとする志向から撤退するという否定性を通じてこそ確保されている、と言うべきではないか。〈私〉への現前からの退引によってこそ、〈他者〉は〈私〉に顕現すると言うべきではないか。「衣」の機能が介入してくるのは、このコンテクストにおいてである。「触れる/触れられる」関係を通じて、〈他者〉は開示されるが、まさにその〈他者〉を捉えようとするや、〈他者〉は、その捉えようとする営みから退いてしまう、と述べてきた。つまり、「水」が表象している触覚的な溶融体験の中で、〈他者〉の露呈と退却が、一瞬のうちに交替するのだ。この交替の瞬間に〈他者〉の皮膚の表面を覆うべく与えられる「衣」は、〈他者〉の現前からの退却を作為的に強化する装置となりうるはずだ。こうして、「水」が「衣」へと接続される。だが、こうしたことが、マレビトの共同体への来臨ということと、どのように関連しているというのか?

まず、以上に概観した、「水」に表象される触覚的な密着性と「衣」によって表象される隔絶性との間の関係は、「女」についての体験の原型を構成している、ということに留意しておこう。たとえば、次のような典型的な状況を想像してみよ。女が〈私〉を愛している、としよう。女は恋人である〈私〉を全身全霊で愛しており、すべてを〈私〉のために捧げている。制限も留保もなく、愛にすべてを捧げるのだ。恋人である〈私〉の方も、彼女が自分への愛にすべてを与えているということを、認知するかもしれない。しかし、そんなときにあってすら、〈私〉は、究極にある不安を払拭できないものである。彼女は、本当に自分を愛しているのだろうか、という不安を。つまり、彼女の愛に対して、確信を抱くことができないのだ。彼女の愛の彼方に、何に差し向けられているとも特定しがたい、根源的な無関心が宿っているのを、〈私〉は感じざるをえない。彼女の経験の中に、恋人である〈私〉との愛のためではないものは何もない。にもかかわらず、彼女の生のすべてが愛と等置されるわけではなく、そこには、いわく言い難い無関心が残存する。

つまり、〈私〉は、女の心中を精査し、彼女がほんとうに〈私〉を愛しているかを知ろうとするのだが、いかに知っても、なお、〈私〉の把握、〈私〉の理解から逃れてしまう何かが残ってしまうのだ。いかに深く理解しても、なお「すべてではない」という感覚を克服することはできない。しかし、ここで重要なことは、だからと言って、女が〈私〉以外の何かに関心をもっているわけではない、まして〈私〉以外の誰かを愛しているわけではない、ということである。〈私〉がその女について知っていることは「すべてではない」にもかかわらず、それを超えた何かが存在しているわけでもない、という逆説がここにはある。「女」をめぐる、こうしたメロドラマ的とも言うべき典型的な状況は、触れようとすればするほどその触れる作用から撤退していってしまうというあの感覚の一般化である。

こうして、人は、女を通じて、すべてを知ってもなお「すべてではない」という残余の感覚をもってしまう。これらが「すべてではない」とするならば、これらの向こう側に、何かが積極的に存在している、ということではないか。女が「すべてではない」とするならば、それを越えた何かを宿し、「すべて」を獲得してしまっている他者がどこかにいるはずではないか。人は、どうしても、そう感覚し、推測してしまうことだろう。この「すべてではない」という不充足感を解消する何かを、「向こう側の何か」を宿している身体こそ、外部から到来する超越的な他者、すなわちマレビトではないだろうか。マレビトを共同体に招来するために、どうしても女という媒介を必要とするのは、こうした論理が働いているためではないだろうか。ここで、もう一度、女が操る「衣」のことを想い起こしておいてもよいだろう。衣は、「向こう側（の身体）」を覆い、隠す装置である。われわれは、内部が見えないように厳重に覆っている布を見たら、実際には、布の向こうに何もなかったとしても、そこに宝物や貴重品が隠されているに違いない、と確信してしまうだろう。マレビトに着せられる「衣」は、こうした覆いの効果をもった装置である。

だから、特殊な「女」を媒介にして、共同体は、自らが置かれた外的な関係を主体化し、引き受けることになる。つまり「女」との関係を活用して、マレビトという外部性を共同体の内に引き入れることができる。これが折口信夫の洞察だったのではないか。敗戦による天皇制の危機に際して、折口が「女帝考」を書き、中皇命について論じたのは、このためである。

註

1 無論、その明白な帰結が、天皇の人間宣言である。

2 益田勝実「『炭焼日記』存疑」、神島二郎編『柳田國男研究』筑摩書房、一九七三年。中村生雄『折口信夫の戦後天皇論』法蔵館、一九九五年。

3 益田勝実、前掲書、二四九頁。

4 折口の「女帝考」については、中村生雄の前掲書の第一章が、その意義についてよく論じている。

5 山人が明治・大正期に至るも、実在しているという説に対しては、南方熊楠が、厳しく批判した。

6 たとえば、堀田吉雄は、『山の神信仰の研究』(伊勢民俗学会、一九六六年)で、「マタギなど狩猟者の信仰する山の神の方が、農耕者の其れよりも、一層古い起源を持っていることだけは疑う余地は乏しい」と述べている。柳田民俗学の継承者を自任する者ですら、こう論じているのだ。
7 「山人」という主題の消滅に対する舌鋒鋭い批判者としては、われわれは、赤坂憲雄を知っている。
8 「ミヌマ」「ミツハ」は、蛇あるいはその他の水中の動物の格好をした女神——あるいは巫女のような神に近い女——である。また「ミブベ」は、貴種の誕生の際に、禊の水を濯ぐ女である。
9 松浦寿輝『折口信夫論』太田出版、一九九五年。

第5章

現代日本の若者の保守化?

1　ほんとうに保守化しているのか？——意外な調査結果

若者は保守化している

現代日本の社会意識は保守化・右傾化している、と言われている。「保守（主義）」「右翼」といった概念の厳密に社会思想的な使用に基づいたときに、どのような表現が妥当かといった問題は、ここでは、とりあえずわきにおいておこう。[1] いずれにせよ、右／左、保守／革新についての伝統的な規準を用いて判定すれば、保守化・右傾化と捉えるほかないような現象が、現代日本社会には、見られるのである。こうした傾向は、いくぶん長期的なスパンで捉えた場合には、一九九〇年代初頭の「歴史教科書書き換え」の運動あたりから始まっていると見なすことができる。もう少し短いスパンで見た場合には、ジェンダーフリー・バッシングや、ネット上での左翼バッシングが顕著になってきた二〇〇〇年代に、事態はさらに加速してきたと記すこともできるだろう。こうした保守化の傾向の主たる担い手は、若者層であると言われている。若者の右傾化を象徴する事実としては、九八年に出版された、小林よしのりの『戦争論』の圧倒的な流行をあげておくことができるだろう。

しかし、こうした印象は、厳密な社会調査によって確認・実証されるのだろうか？　ＮＨＫ放送文化研究所が一九七三年から五年毎に実施してきた「現代日本人の意識構造」と題する調査を参考にしてみよう。この調査は、一六歳以上の日本国民を対象としており、最新の二〇〇八年までに計八回、実施されてきた。この調査の特徴は、細かな変更を別にすると、基本的に毎回同じ質問で構成されている点にある。したがって、三五年間の社会意識の推移を見るのに、この調査は最適である。[2]

ここで、保守化を「ナショナリズムの強度」を指標にして測ることにする。無論、ナショナリズムは保守主義や保守化とは、異なる概念であり、これを同一視することはできない。しかし、「保守化」を云々する一般的な言説は、社会思想や社会哲学の概念の厳密な意味に基づいてこの語彙を使用しているわけではないので、こうした概念の異同に拘泥する必要はない。むしろ、漠然と「保守化」という語で指示されている現象は、今しがた述べたように、広義のナショナリズムの内に包括しうる状況なので、ナショナリズムの強度をもって保守化を判定するやり方は十分に正当化されるだろう。

ナショナリズムの強度

とはいえ、「現代日本人の意識構造」調査のどの質問に対する回答をもって、「ナショナリズムの強度」を測定すればよいのだろうか。この調査には、ナショナリズムに関連する質問が、二系列含まれている。一つの系列は、日本への愛着に関連する問いである。この系列に属する問いは三つあり、「日本に生まれてよかった」「日本の古い寺や民家に親しみを感じる」「日本のためにたちたい」

という三つの言明に対して、それぞれ、「そう思う」か「そう思わない」かを尋ねている。もう一つの系列は、日本への自信や日本人としての自尊心に関連する質問である。この系列においては、「日本は一流国だ」「日本人は、他の国民に比べてすぐれた素質をもっている」「今でも日本は、外国から見習うべきことが多い」という各言明に対して、やはり「そう思う」か「そう思わない」かを答えてもらっている。

ナショナリズムの強度の変化をこの調査から知る上で、前者の系列、つまり日本への愛着に関する質問は、あまり役にたたない。三五年間、それらの質問への回答の分布に、ほとんど変化がないからだ。たとえば、「日本に生まれてよかった」に「そう思う」と答える者の率は、どの調査時点でも九〇%を超えていて、変化に乏しい。ちなみに、十人中少なくとも九人の人が、日本への愛着を表明しているからと言って、日本人が、他の国の国民に比べて、特に愛国心が強い、と考える必要もない。ISSP（International Social Survey Programme）が、二〇〇三年に行ったNational Identity調査によると、自国に愛着があると答えた日本人は九二%で、「日本に生まれてよかった」と答える者とほぼ同じ比率である。この数字は、突出して高いわけではなく、この調査に参加した三四の国と地域（欧米諸国が中心）の中の、だいたい三分の二にあたる二二ヵ国で、九〇%を超える人が自国に愛着があると答えている。つまり、自分が生まれ育った国に九割以上の人が愛着を覚えるということは、少なくともある程度豊かな「先進国」では、ごく普通のことだと考えてよい[3]。日本への愛着心に関する質問への答えは、時系列的な変化を調べる上でも、国際比較の点でも、有効ではない。

若者は保守化していない？

ナショナリズムの強度の時系列的な変化は、第二の系列に属する質問、すなわち日本に対する自信を問う質問への回答を基準にして測ることができる。関連する三つの質問に対する回答は、図1のように変化してきた（ただし「今でも日本は、外国から見習うべきことが多い」に対しては、「そうは思わない」と答えた人を「見習うことは少ない」と判断したと解釈している）。われわれは、一九九〇年代から二〇〇〇年代にかけて、日本人の意識が急速に保守化してきたという印象をもっている。

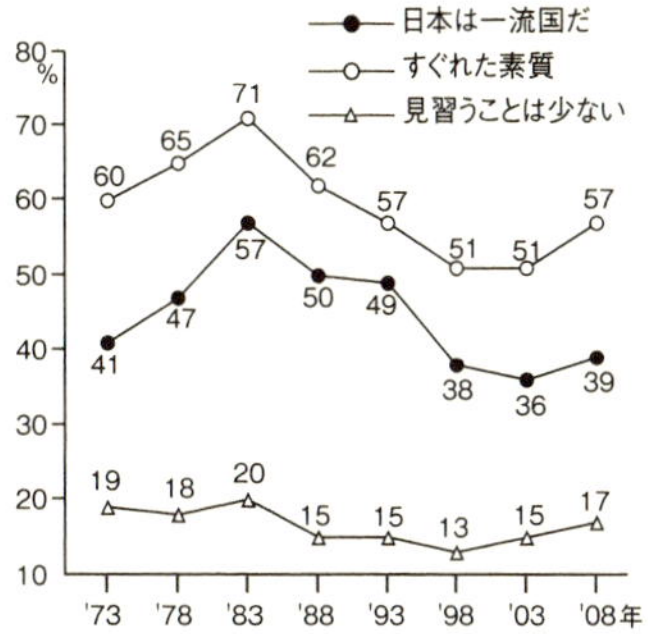

図1　日本に対する自信（「そう思う」、全体）（『現代日本人の意識構造［第七版］』NHKブックス、2010年、110頁）

このデータは、この印象を実証するものだろうか。データは、印象を部分的には裏づけてはいるが、しかし、全体としてはむしろ否定している。「部分的に裏づけている」というのは、九八年以降を見た場合には、（日本への自信によって測った）「ナショナリズムの強度」が微増しているか、あるいは少なくともその低下の度合いが鈍化しているからである。とりわけ、最新の二〇〇三年から二〇〇八年にかけては、どの質問項目で見ても、日本への自信の程度が増大していることがわかる。

しかし、データを全体として見た場合には、保守化が進行し、ナショナリズムが強まっているという印象は、むしろ反証されている。三五年間で明白な変化を示しているのは、「一流国だ」「すぐれた素質」によって判定されるナショナリズムの強度である。その変化を示すグラフは、全体としては、八〇年代初頭を頂点とした山形になっている。つまり、日本への自信は、八〇年代の初頭に向けて高まっていったが、その後は、低下の傾向が支配的である。確かに、二〇〇〇年代に入ってからリバウンドが見られるが、八〇年代初頭のピーク時には未だ遠く及ばない。とすれば、一九九〇年代から二〇〇〇年代にかけて保守化が急速に進んだという印象は、錯覚なのだろうか？

しかし、近年保守化しているとされているのは、とりわけ若者である。とするならば、世代（コーホート）別に変化を見たらどうか？　国民全体としては保守化は見られなくても、若者に限定すれば保守化の傾向が見られるのだろうか？　図2は、日本への自信に関連した問いへの回答の変化を、若年層／中年層／高年層に分けて、示したものである。このデータはまたしても、若者たちに保守化の傾向が見られるという一般的な印象を、部分的に肯定し、総体としてはむしろ否定している。確かに、「一流国だ」「すぐれた素質」への回答の変化においては、二〇〇〇年頃を境にする、日本への自信の回復は、若い層では明白だが、高年層ではほとんど見られない。とりわけ、「日本人はすぐれた素質」に同意する若年層は、九八年を底にして、最近の二回の調査では、急増している。人は、こうした傾向を捉えて「（日本の）若者は保守化している」と見ているのではないか。

だが、ここでも、細部にこだわらず、むしろ大局的に変化を捉えた場合には、必ずしも、これらのデータは、近年の若者たちの保守化を実証するものとは解釈できない。次の二つの点で、留保が必要になる。第一に、「日本人はすぐれた素質」等の判断をして日本（人）に対して自信をもつ若者の率は、確かに二〇〇〇年あたりを境に増大しているように見えるが、しかし、これに関しても、ピーク時の一九八〇年代初頭に比べれば、最新の値は未だ低い。つまり一九八〇年代前半の若者よりも、現在の若者の方が「保守的」だと見なすことはできない。第二に、二〇〇〇年以降、若者の間でナショナリズムが強まっていると言っても、調査されたどの時点でも、そしてどの質問で測っても、日本への自信の大きさは、若年層よりも高年層の方が高い。つまり「自信」に関して、若年層と高年層の相

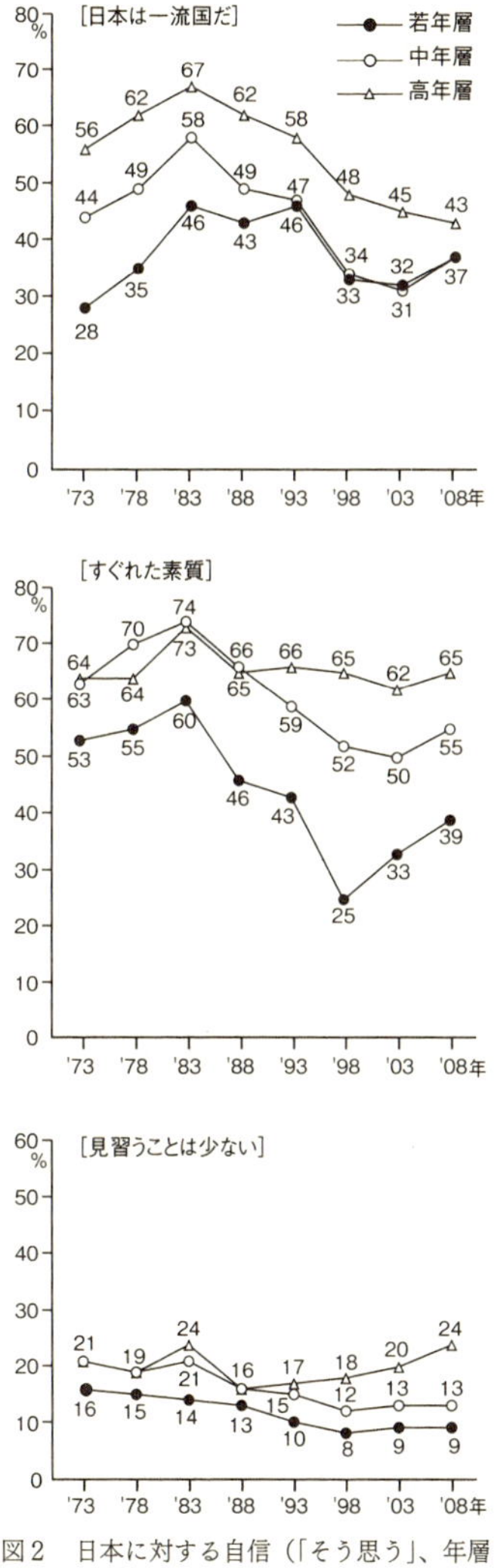

図2　日本に対する自信（「そう思う」、年層3区分）（『現代日本人の意識構造［第七版］』111頁）

違が小さくなっているということであって、若年層が高年層を抜いたわけではないのだ。したがって、若者の方が、中高年層よりも保守化しているとは言えない。言い換えれば、中高年層は、言わば、自分たちのことを棚に上げて、若者の保守化について語っていることになる。さらに付け加えておけば、「自信」に関連した三つの質問の中で「見習うことが少ない」だけは、若年・中年層ではほとんど変化しないか、やや減少傾向にあるが、高年層では逆に、九〇年代以降、増大の傾向にある。つまり、「もはや外国から見習うことはあまりない」という自信で測定した場合には、ナショナリズムの程度を高めているのは、若者ではなくむしろ高年層である。[4]

このように、「現代日本人の意識構造」調査は、一九九〇年代以降の日本社会で、若者を中心にして保守化が進み、ナショナリズムが強化されているという印象を裏書きするものにはなっていない。つまり、この調査の結果は、われわれの印象を斥ける「意外な結果」である。しかし、素直に考え直してみれば、こうしたデータは、むしろ、きわめて当然の結果だとも解しうる。八〇年代の初頭に、七〇年代のオイルショックを巧みに乗り越えた日本経済は絶好調であった。一九八〇年には、自動車生産がアメリカを抜き世界一になり、また、エズラ・ヴォーゲルから『ジャパン・アズ・ナンバーワン』と賞賛されたのは、七九年のことである。この頃、日本への自信が高まるのは当然だ。しかし、その後、経済の低迷期を迎えることを思えば、ナショナリスティックな自信が揺らぐのもまた当然のことである。

かつて、B・アンダーソンやE・ゲルナーのような優れた学者が、ナショナリズムをもたらした社会学的な要因をいくつか抉出した。しかし、そうした要因（一国市場を前提にした産業化、印刷資本主義、役人や学生の「巡礼」等）は、今日では、ほとんど失われている（本書第1章参照）。したがって、若年層ほど、ナショナリズムの影響から自由になるのも、不思議ではない。

と、すれば、現代日本で保守化が進行しているというのは、マスコミ報道の歪み等に影響された、われわれの錯覚であって、客観的には、そのようなトレンドは見出されない、と結論すべきなのか。しかし、このように結論するには、「保守化」を推定させる現象は、あまりに多様で圧倒的である。だが、それならば、調査結果との間の齟齬は、どうなるのか？

宗教心をめぐる逆説

ここで、よく似た逆説的な結果を示す、別種のデータを並置して、これを探究のためのヒントとしてみよう。同じNHK放送文化研究所による「現代日本人の意識構造」調査の中にある、宗教的な信仰・信心についての結果である。「神」や「仏」といった超自然的存在を信じている者の割合を見ると、高年層ほど高いことがわかる。図3の二つのグラフが、明確な右肩上がりになるのは、高齢な層ほど、神や仏を信じる者の比率が高いことを示している。このデータは、予想通りの、きわめて当然の結果と言えるだろう。（日本の）ナショナリズムが、八〇年代初頭をピークにして弱体化しつつあるのと同様に、非常に当然の事実に思える。近代化は、世俗化の過程でもあるからだ。神や仏を信心する者は、古いタイプの人間だというわけである。事実、神や仏を信じる者の比率は、若年層の間だけではなく、総計としても——八〇年代前半あたりをピークにして——減少傾向にある（図4）。

しかし、同時に、この調査結果は、意外であるとも解しうる。というのも、一九九五年のオウム真理教事件のときに注目されたように、とりわけ若者たちの間で「宗教」が浸透しているはずだからだ。若者たちへの宗教の普及は、『ノストラダムスの大予言』がベストセラーになった七〇年代には始まっていると見なされてきた。二〇〇〇年代には、「スピリチュアル」をキー・タームとした、宗教的なものの流行があり、若者たちへの宗教の浸透は加速しているとされてきた。こうした事実は、神や仏を信仰する者の比率が、若者たちを中心に減少しつつあることを示す調査結果と齟齬をきたしているように見える。

だが、若者たちの間での宗教の急速な浸透に関しては、同じ「現代日本人の意識構造」調査から得られる別のデータを用いれば、これを確認することができる。述べたように、仏と神を信仰する者の比率は低下してきたが、しかし、別の信仰対象、すなわち「奇跡」「お守り・おふだの力」「あの世」を信仰する者の比率は、まったく異なった変化を示しているのだ（図5）。これら三つの対象を信仰する者の比率は、この三五年間で減ってはおらず、むしろ、増加する徴候を示しているのである。さらに、これらの三つの対象を信仰する者の比率の変化を、年層別に比較してみると、若年層と高年層とではまったく反対の動きを示していることを見て取ることができる（図6）。若年層では、信仰する者の率はかなりの勢いで増加してきた。逆に、高年層では、これらを信じる者の率はほぼ一貫して

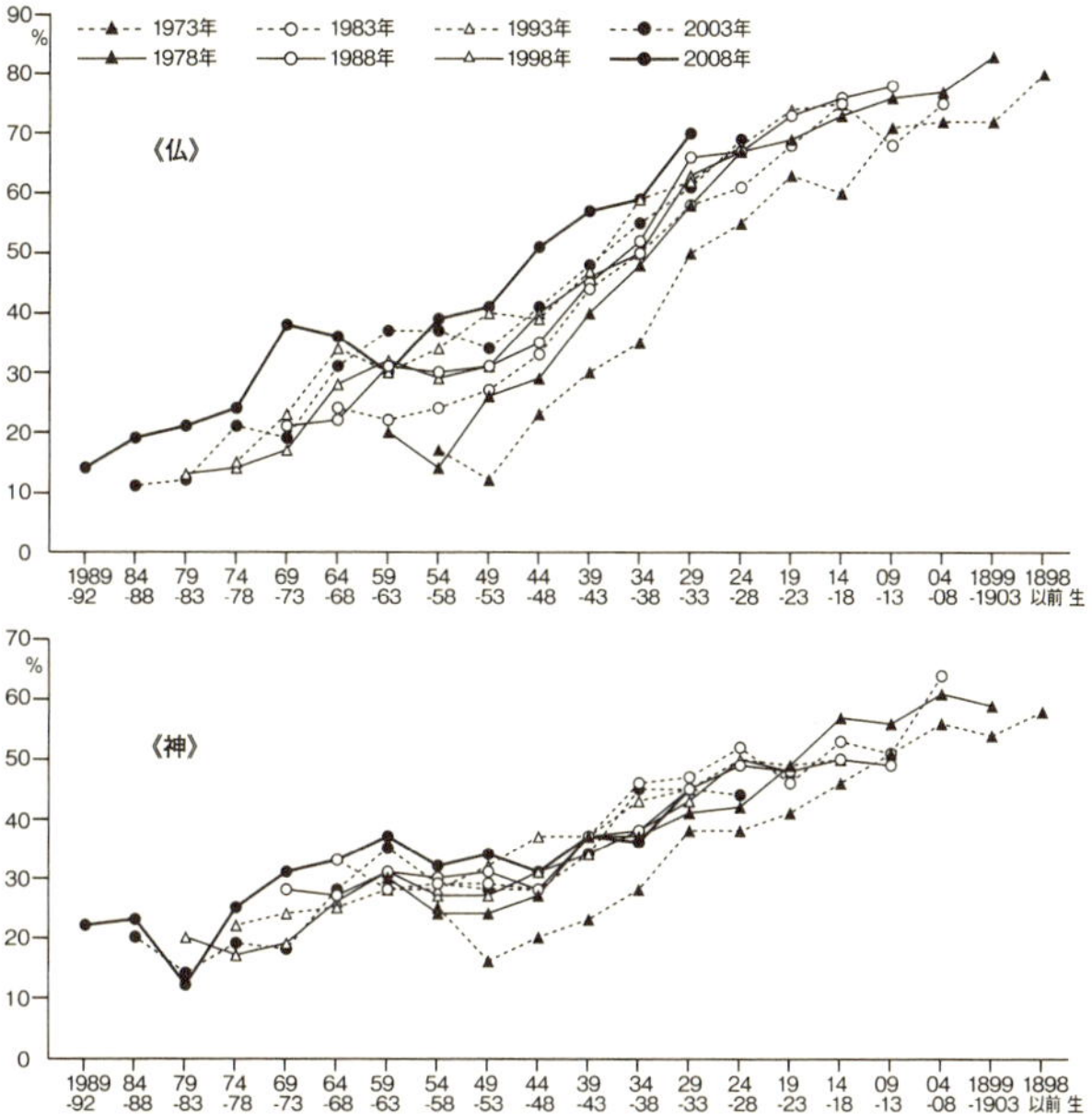

図３　信仰・信心（生年別）

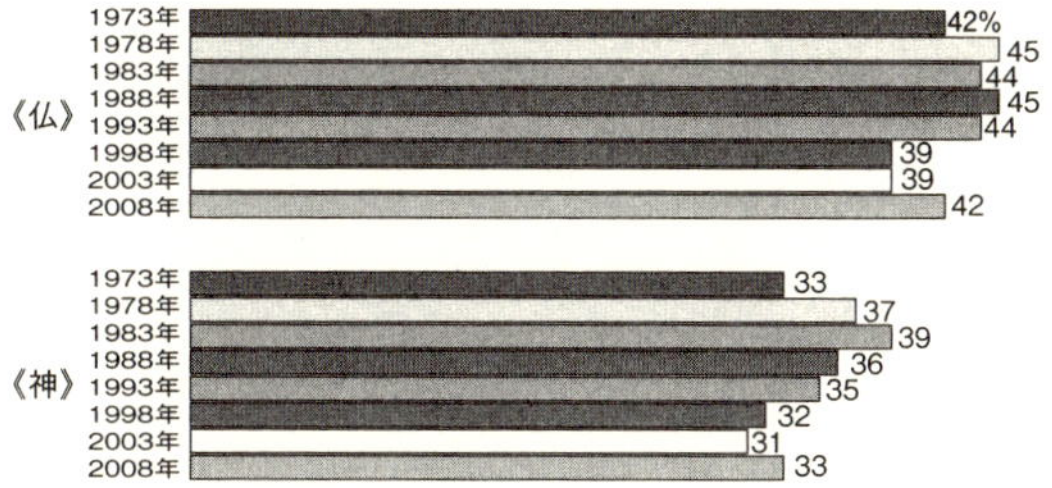

図４　信仰・信心

（『現代日本人の意識構造［第七版］』131頁、127頁）

減少してきた。若者たちの間の宗教ブームは、これらの三つの対象を信じる者の増加を反映していたのである。

三つの中で、とりわけ顕著に「若者」の特徴を反映しているのは「奇跡への信仰」である。この点は、最新の二〇〇八年の調査結果に関して、三つの対象を信仰する者の率をさらに細かく年層別に示した別のグラフによって明瞭に確認することができる（図7）。どの対象に関しても、若年層ほど信じる者の率が高い傾向があるが、若年層と高年層との落差が最大になるのは「奇跡」である。とりわけ一〇代（後半）から二〇代前半までの層では、奇跡を信じる者の率は四〇％を超え、半数近くに達している。

したがって、われわれは次のような構図を得ることになる。一方で、高齢者たちは、神や仏（＝祖霊）を信じてはいるが、奇跡等は信じてはいない。他方で、若者たちは、神や仏を信心する気持ちはすっかり失せているが、奇跡をはじめおふだやあの世も信じている。この事実が含意していること、それは、同じ超自然的対象への信仰であっても、神や仏への信仰を支持する心的な機制と奇跡等への信仰を可能にしている心的な機制とでは、まったく異なり、むしろ背反してさえいる、ということである。一見、両者は同じようなものに感じられる。しかし、高齢者が「私は仏を信じている」と言うときと、若者が「私は奇跡を信じている」と主張するときでは、まったく異なった機制が働いていると解釈しない限り、事実は説明できない。[5] 一体、両者はどう違うのだろうか？

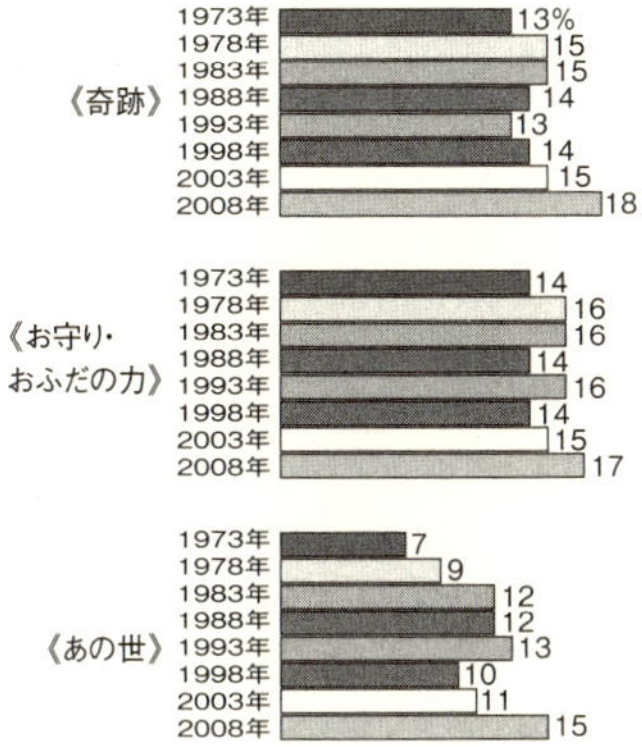

図5　信仰・信心

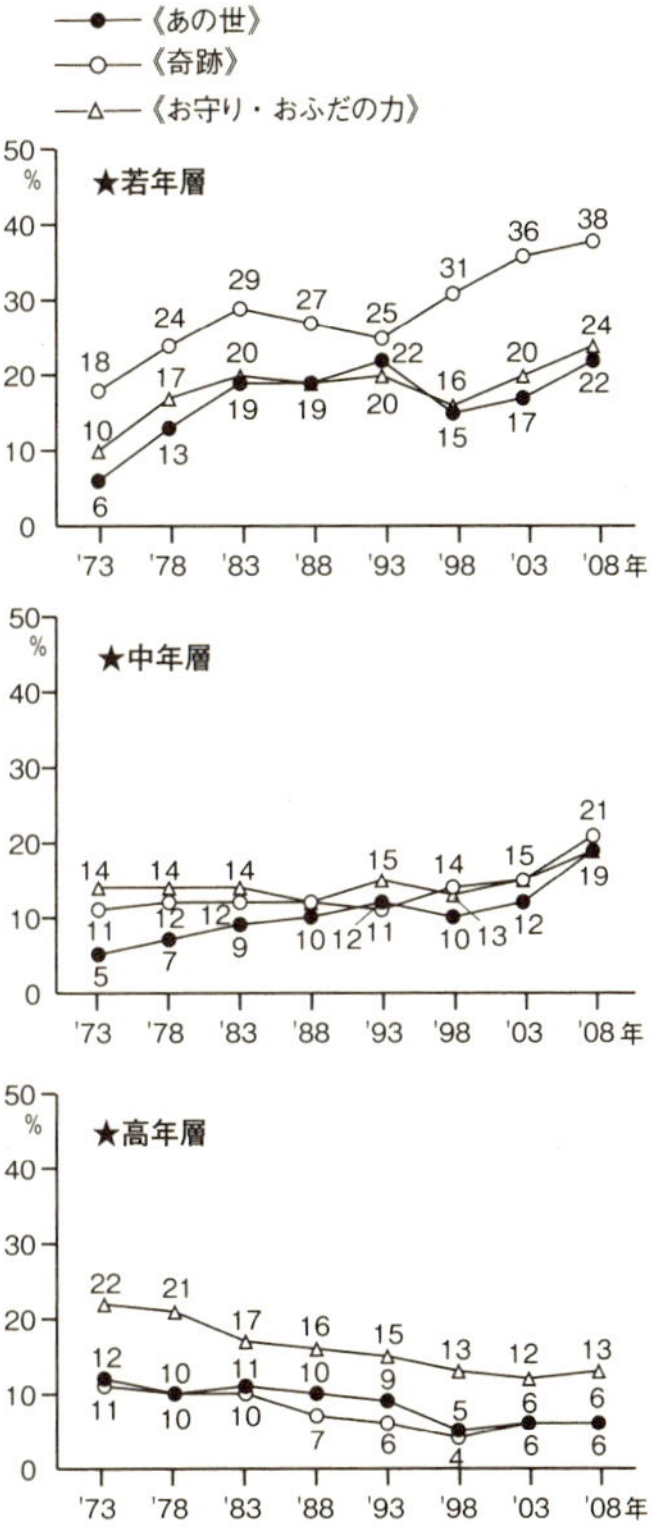

図6　信仰・信心（年層3区分）

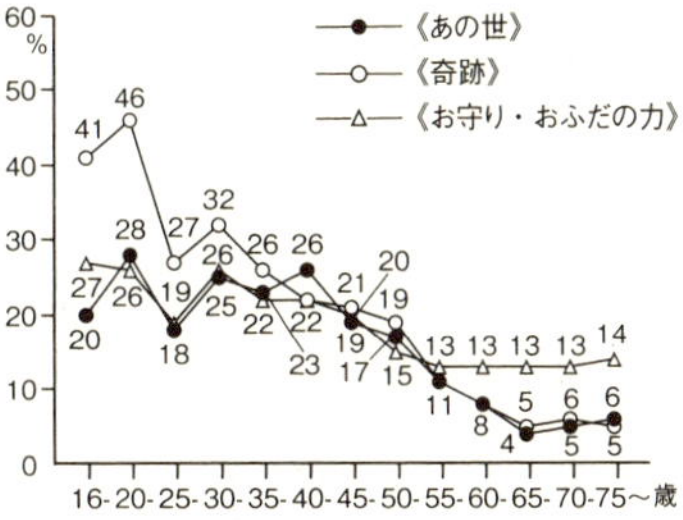

図7　信仰・信心（2008年、年層別）

（『現代日本人の意識構造［第七版］』127頁、129頁、130頁）

ここから得られる教訓は、こうである。ナショナリズムや保守化に関しても、同じことが言えるのではないか、と。超自然的対象への関わりに関しては、(少なくとも日本人にとって)伝統的な神や仏への信仰とは異なる、信仰の機制がありうる。それと同様に、ナショナリズムに関しても、言わば伝統的なヴァージョンと新しいヴァージョンがあるのではないか。伝統的・古典的なナショナリズムは、日本(人)への誇りや自信を問う質問によって炙り出すことができる。こうした質問は、宗教の領域における、神や仏への信仰を問う質問に対応する。だが、現代の若者の態度が示しているのは、神や仏を信じていないからと言って、彼らが、超自然的対象一般に対して、呪術的な信仰をもたないわけではない、ということであった。同様に、伝統的な意味でのナショナリズムの強度を問うような質問には反応しないようなナショナリズムがあるのではないか。さらに一歩進んで、そうした質問に対してはときに否定的に回答すること、こうしたことを特徴とするようなナショナリズムや保守化がありうるのではないか。現代の若者は、神や仏にますます冷淡になる反面で、奇跡等をますます熱心に信じようとしているわけだが、これと同じような逆接がナショナリズム自体の中にも孕まれているのではないか。

そうだとすると、一見、ナショナリズムや保守化の傾向性を否定するように見えるデータこそが、むしろ、今日影響力を高めつつある、ある種のナショナリズム化や保守化の独特の特徴を示しているのかもしれない。このように、結果を逆手にとって解釈してみるのだ。

2　スターリニズムへの迂回

スターリンはスターリニストか？

以上の問題設定の意味をより先鋭に浮かび上がらせるために、ここで、補助線を引いておこう。たとえば、こう問うてみるのである。スターリンはスターリン主義者だったのか？　スターリン体制が、スターリンの指導下にあったことはもちろんだが、そのとき、スターリンは、党がやっていることや党が表明する公式見解に、どのくらい本気でコミットしていたのだろうか？　スターリンは、党の大義や党の一つひとつの発表を、本気で信じていたのだろうか？　スターリン体制の下での最大の悪は、百万人を大きく超える犠牲者を出した粛清だが、スターリン自身は、あの犠牲者たちがスパイや反逆者であると、ほんとうに信じていたのだろうか？

スターリン自身が、文字どおり、そうした見解を信じていたとは思えない。スターリンが、粛清された人々が皆、反逆者やスパイであると信じていたはずがない。彼は、体制や権力を維持し、拡大するための口実として、シニカルに粛清に関与していただけだろう。彼は、処刑された者のほとんどが無実であったことを知っていたはずだ。粛清のピークは、一九三〇年代中盤から後半にかけての時期で、その頃は、共産党政治局は、ちょうど社会主義の生産目標と同じ要領で、各地区に、毎週、摘発すべきスパイの目標人数を課した。内務官僚は、目標人数を下回るスパイしか見つけられなければ、怠惰の罪で、逆に、目標人数を超えたときには、無実の同志を摘発した罪で、どちらにせよ、自分自身が粛清される危険性があったから、常に、ちょうど目標人数分だけ逮捕した。しかし、実際には、こんなふうに恣意的に課せられた人数にちょうど等しい数のスパイが、規則的に見つかるはずがないから、大量の無実の者がスパイとされていたはずだ。こうした事情をよく知っていたスターリンが、彼らの有罪を文字どおり信じていたとはとうてい思えない。

だが、他方で、近年、アクセス可能になった史料からの研究は逆の答えを示唆している。つまり、スターリンは、実際に、信じていたのだ、と。彼は、党の公式イデオロギーを文字どおりに受け取っており、自分自身を慈悲深い指導者だと信じ、そして、何よりも、大粛清の被告たちの有罪を信じていた。近年の研究は、こうした結論を支持しているようにも見える。[6]

ここから、次のように考えざるをえない。スターリンは信じていたとも、信じていなかったとも言える、と。どちらも真実なのである。スターリンが、半信半疑でどっちつかずだったということではない。彼は目いっぱい信じ、目いっぱいシニカルだったのだ。

この点を前提にした上で、われわれの主題である現代日本に目を転じてみよう。現代日本社会で見られるナショナリズムや保守化が、これと似たものだったとしたらどうであろうか。スターリンの心理を支えていたのと同じメカニズムが、ここで作用していたとしたらどうであろうか。このとき、人は、一方では、ネーションやナショナリズムへの不信を語りながら、他方で、熱心なナショナリストだということもありうるのである。

項目「Beria」

とはいえ、しかし、それは、指導者（スターリン）の例ではないか。スターリン体制の下での一般の民衆の態度には、こんな奇妙な両義性はなかったのではないか。つまり、彼らは、素朴に信じているか、あるいは信じていないかいずれかでしかないのではあるまいか。そうではない。このことは、スターリンが死没した直後に、「ラヴレンチー・パーブロヴィチ・ベリヤ」をめぐって起きた、比較的よく知られた、そしていささか滑稽な出来事がよく示している。[7]

ベリヤは、スターリン時代、偉大な政治家と目されていた。彼の最大の「業績」は大粛清を指揮したことである。だが、スターリン没後すぐに——一九五三年末に——ベリヤ自身も、粛清されてしまった。ところで、当時の『ソヴィエト大事典』の中には、「Beria」という二ページに亘る項目があり、そこで、ベリヤが紹介され、賞賛されていた。しかし、ベリヤが失脚したすぐ後で、事典の読者は、編集部から、ある手紙を受け取る。その手紙は、ベリヤの項目二頁を切り取り、編集部に送り返すことを依頼するものであった。送り返すと、代わりに、読者には、同じ二頁の別の項——「Bering pass」を紹介する記事——が送られてきた。この新しい頁を「Beria」があったところに挿入すれば、落丁のない事典へと修復されるので、もはや、ここにかつて「誤った事項」があったということ、あわてて暫定的な項目が書かれたということは、気づかれないですむ。

ところで、ここで立ち止まってみよう。誰が気づかないのか？　このあわてふためいた対応は、誰をだまそうとしているのか？　言い換えれば、党が信じ込ませたいこと——ベリヤは最初から悪いやつだった（したがってソ連共産党はベリヤを認めたことは一度もない）——を真に受けて、信じているのは誰なのか？　一見、最も有力そうに感じられる候補者は、一般の「読者」だが、経緯を振り返ってみれば、そうではないことは確実だ。何しろ、読者は、頼まれて、このごまかしに加担しているのだから。

ある意味では、ここで、素朴に信じている者は一人もいない。たとえば、もし一人ひとりに、秘密厳守で聞き取り調査をすることができたとしたら、党の公式見解を素朴に信じている人は誰もいなかった、ということになるはずだ。だが、だからといって、スターリニズムのような全体主義はここには存在していない、と言うわけにはいかない。それどころか、客観的な社会的事実としては、このとき、スターリニズムはきわめて堅固なものとして、ソ連を支配していた。

このように、一人ひとりの信念や知識の集計としてはまったく無に等しいのに、社会的事実としては見まごうことない現実性をもっている、というケースがあるのだ。先の社会調査の結果が、保守化やナショナリズムへの傾向が社会的な事実として存在している可能性を否定したことにならないのは、こうしたケースがありうるからである。スターリン体制が、個人的な信念にまったく逆立した形で存続しえたメカニズムを解明すれば、その体制の最も本質的な秘密を明らかにしたことになるだろう。同じことは、今日のナショナリズムや保守化の社会変動にも言えるに違いない。

3 二つのケース

在日コリアンからナショナリストへ

具体的な事例を観察することから、手がかりを得てみよう。最初に注目しておきたいのが、北田暁大や中島岳志など、現代日本のナショナリズムに学問的な関心をもっている、若手の社会学者・歴史学者が、半ば共感をもって分析している俳優窪塚洋介のケースである。[8] 窪塚は、高く評価されている日本映画の俳優で、二〇〇四年にマンション九階から転落し――というよりむしろ飛び降り――、にもかかわらず奇跡的に助かったことでも話題になった。窪塚は、ある時期から、急速にナショナリズムに接近していく。

窪塚は、一九七九年生まれである——つまり彼に学問的な関心を寄せている北田や中島と同じ七〇年代の生まれである。学業成績は優秀で、高校も名門進学校に入学している。しかし、進学校の詰め込み式の勉強に疑問をもち、やがて高校生活から離脱する。彼を高校生活から逃走させたのは、いわゆる「自分探しの旅」、つまり「オレは誰だ」「オレの本質は何か」という探求である。最初、彼は、渋谷のストリート文化やヒップホップに惹かれる。が、やがて、——二〇〇一年に——一挙にナショナリズムに向かい、没入する。

彼がナショナリズムへと接近していった経緯に関しては、二つの事実に注目しておきたい。第一に、窪塚はナショナリズムとほぼ同時に——厳密には一年遅れて——「神」への信仰に目覚める。きっかけは、ニール・ウォルシュの『神との対話』を読んだことである。その後は、スピリチュアリティのブームとも共振しながら、UFOとの遭遇をはじめとする神秘体験について語ったり、大麻の有用性を説いたりしてきた。われわれは、第1節で、ナショナリズムについての調査結果と宗教についての調査結果を比べ、両者に類比的なねじれが見出されるという事実を指摘しておいた。窪塚の経験は、さらに踏み込んで、今日のナショナリズムと宗教ブームが同一の社会的機制に基づいて盛隆している可能性を示唆している。

第二に注目しておきたいことは、窪塚のナショナリズムへの転進を決定づけた経験である。それは、金城一紀の小説を原作とした映画『GO』(監督行定勲、二〇〇一年)に主演したことである。この映画で、窪塚は、在日コリアン杉原を演じた。窪塚は、杉原への感情移入をきっかけにして、ナショナリズムへと旋回していく。

だが、この展開は二重に逆説的である。第一に、窪塚は、映画出演を通じて、日本人ではなく在日コリアンに共感したことによって、日本ナショナリズムへの覚醒と没入へと導かれている。普通だったら、展開は逆でなくてはならないように思える。在日コリアンに共感したことによって、ナショナリズムから離脱したり、ナショナリズムを相対化するような意識が助長されるべきではないか。在日コリアンの生活をめんどうなものにしているのは、日本の制度や意識が、(日本)ナショナリズムに規定されているからなのだから、ナショナリズムへの批判的な意識が育つのが普通ではないか、という印象をもつ。実際、日本のナショナリズムに対して批判的な論者は、しばしば、在日コリアンをはじめとする、在日の外国籍の者への「共感」を呼びかけている。しかし、こうした論者たちの想定とはまったく逆に、窪塚は、在日コリアンへの共感——反感ではなく共感——を通じて、日本人としてのナショナリズムへと深くコミットしていくことになったのだ。

逆説は、これだけに留まらない。第二の逆説があるのだ。もしこの映画が、コリアン・ナショナリズムを訴えるような作品であったとするならば、窪塚の転回も比較的わかりやすい。人は、しばしば、他国のナショナリズムへの反発や感服を通じて、つまりそれを一種の鏡にして、自分自身のナショナリズムに目覚めるからである。しかし、この作品は、まったく逆のことを主題としているのだ。

すなわち、この映画の中で、主人公杉原は、民族的アイデンティティに目覚めたり、それに固執したりする古典的な在日朝鮮人からは距離を取ろうとする者として、つまり民族的アイデンティティなどどうでもよいものと考え、そうしたものに拘ることは無意味なことと感じるようなニューエイジの在日コリアンとして描かれているのだ。民族的アイデンティティから一見解放されている在日コリアンに共感したのならば、窪塚も、日本人としてのアイデンティティから離脱した、コスモポリタンや多文化主義者へと転換するはずではないか。しかし、事実は逆なのだ。

中島岳志も、こう述べる。「一方は『在日』という枠を超えて生きる道を選び、一方は自覚的に『日本人』として生きる道を選ぶことになるが、その方向性は明らかに対照的で、両者の歩みは決定的に矛盾している」と。この「矛盾」が矛盾としては機能せず、むしろ、窪塚をナショナリズムへと導いたのはなぜなのか？　ここに、窪塚のナショナリズムが古典的なそれとは異なったタイプのナショナリズムであることが暗示されている。

窪塚は、こう言っている。

『コドモ民主主義』、『アメリカ至上主義』の成れの果て、／極東バビロンへようこそ／ってなトコでしょうか。／日本の伝統、文化、精神を否定したアメリカが建国した国、／日本。／歴史がねじれる、ねじり切れそうになる、／ここで誇りが奪われた。／注意すべきなのは、たまたま奪われたワケではないということ。（『ＧＯ―窪塚洋介』）

日本は、アメリカの精神的な植民地であるとの感覚が、ここにはある。こうした世界観は、われわれの視線を、アニメ『コードギアス』へと導くことになる。

『コードギアス』

『コードギアス――反逆のルルーシュ』（制作サンライズ、監督谷口悟朗）は、日本ナショナリズムをテーマとしたアニメーションである。このアニメは、MBS・TBS系列で、二〇〇六年一〇月初めに放送を開始された。二〇〇七年三月末までに二三話が放映されたところで、四ヵ月ほど中断をはさみ、二〇〇七年七月に最終二話が放映された。つまり、このアニメは、全部で二五話で構成されている。さらに、二〇〇八年四月から九月まで、続編『コードギアス――反逆のルルーシュR2』全二五話が放映された。

『コードギアス』は、いわゆる「オタク」的な若者たちの間で熱狂的に受け入れられた。そのことは、日本国内でのグーグルの検索件数を調べるとただちに確認することができる。「コードギアス」という語の検索件数を、特にオタクの間で人気がある他の主要なアニメ――「エヴァンゲリオン」「デスノート」「涼宮ハルヒ」――と比べてみよう。『コードギアス』がテレビで放映されていた、二〇〇六年一〇月から二〇〇八年までの期間をとると、「コードギアス」が、これらの主要アニメの中で最も頻繁に検索されていたことがわかる（図8）。さらに、放送終了後の期間を含めても――つま

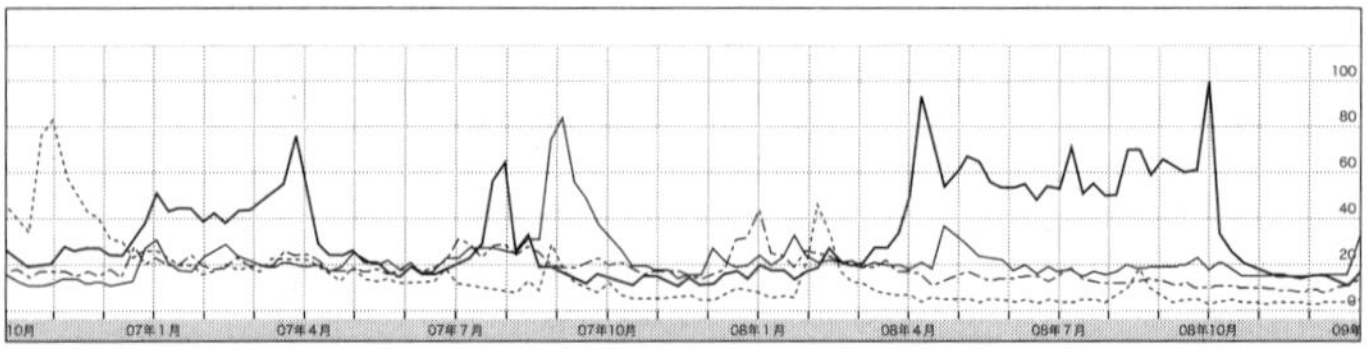

図８　Google Insights for Search－ウェブ検索の人気度　コードギアス，エヴァンゲリオン，デスノート，涼宮ハルヒ－日本，2006_10－2008_12

り二〇〇六年一〇月から現在（二〇一一年五月）までの期間をとっても――、「コードギアス」の検索件数は「エヴァンゲリオン」に次いで多い。

オタクたちにとって特権的な価値をもつ画期的なアニメは、一九九五－九六年にテレビ放映された『新世紀エヴァンゲリオン』である。『コードギアス』が放映されていた頃、この作品は、『エヴァンゲリオン』以来の成功を収めていると言われた。検索件数の多さはこうした評判を裏づけるものとなっている。

それゆえ、『コードギアス』は、現代日本の若者のナショナリズムを表現する第二のケースとして、ここで紹介・分析するに値するものである。とはいえ、ここでは、論の展開にとって重要な、作品のごく一部の――しかもごく表面的に看取されうる――アスペクトしか扱うことはできない。この作品は、ここに触れることができない点に関しても、社会学的に、あるいは作品論的に興味深い要素をいくつも含んでいるということをことわっておこう。

さて、『コードギアス』に関して、まず注目すべきことは、その独特の設定である。このアニメで、日本は、超大国の神聖ブリタニア帝国の侵略を受け、植民地化されている。日本人は、主権を奪われ、奴隷的な状態に置かれており、そして何よりも「日本」という名前を奪われているのだ。日本列島には、「エリア11」という行政用語が与えられ、日本人は、単に「イレヴン」と呼ばれているのだ。アニメの基本筋は、日本の独立を支援するテロリストグループとブリタニアの戦いによって構成されている。主人公のルルーシュは、テロリストのリーダーである。

ブリタニア帝国が、アメリカ合衆国の隠喩であることは、ただちに見て取ることができる。したがって、このアニメの設定は、窪塚洋介と同じ感覚を誇張したかたちで表している。つまり、アニメは、窪塚と同様に、日本が実質的にはアメリカの植民地であり、そしてそのアメリカへの反抗にこそ日本ナショナリズムのもっとも重要な行動的な表現を見ているのである。

主人公ルルーシュは、「ギアス」と呼ばれる超能力を使うことができる。ギアスとは、他者を直接に目と目を合わせるように見つめることを通じて、その他者を絶対的に服従させる能力、つまり他者をいかなる命令にも従わせる能力である。ルルーシュの左目を直視してしまった者は、意識することなく、ルルーシュの命令どおりに行動してしまう。命令がいかにおぞましいものであろうと、それに逆らうことはできない（ただし同じ他者にギアスを使えるのは一度のみとされている）。どうしてこのような内容の超能力が作者とファンに好まれたのか。その社会学的な意味は何か。こうした問いは、興味深いものだが、ここでは、分析や解釈をひかえておこう。いずれにせよ、ナショナリスティックな抵抗運動を指揮する主人公にこうした異能を付与した点に、ナショナリズムへの傾倒と並行するようにして、スピリチュアリティのブームに入っていった、窪塚の歩みとの類似を見ないわけにはいかない。

このアニメにおいて、ナショナリズム論の見地から最も興味深いのは、日本の独立のために戦うテロリストのリーダー、つまり主人公ルルーシュ——彼のテロリストとしての名前は「ゼロ」である——が、日本人ではない、ということであろう。彼は、彼がまさに戦っている敵であるブリタニア人なのだ。しかも本来はその中核にいるべき人物——皇帝の血族に属する者——である。ルルーシュの反転的な鏡像になっているのが、もうひとりの主人公で、ルルーシュの親友スザクである。スザクは日本人、しかも元首相を父にもつ日本人である。スザクは、合法性へのこだわりをもっており、つまり改革は合法的で公正になされなければならないと考えており、ブリタニアの支配下では、結局、ブリタニアの軍人となっている。彼は、ブリタニアの軍人として、テロリストのルルーシュと対決することになる。ルルーシュとスザクは、ブリタニアの名門と日本の名門という対照をなしているのだが、前者の方が日本の独立を目指すテロリストで、後者がブリタニアを防衛する軍人だという捩じれが生じている。外国人であるルルーシュが、日本のために戦うという構図は、在日コリアンへの脱中心化を媒介にして「日本人」性へと覚醒した窪塚洋介の体験を連想させないだろうか。

このアニメで、エリア11は、ブリタニア人が居住する「租界」を別にすると、たいへん荒廃している。そこは、廃墟か荒れ地である。こうした風景を思うと、ブリタニアと戦うテロ・グループ「黒の騎士団」に最も近い現実の対応物は、アフガニスタンでアメリカと戦うアル・カイダではないか、と思えてくる。アル・カイダも、アフガンではなく、外国人――サウジアラビアからやってきた外国人オサマ・ビンラディン――をリーダーとしていた。そして、彼らは、ブリタニア帝国の現実上の対応物であるアメリカと戦っている。

4 戦後史の第三局面

理想の時代／虚構の時代／……

こうした事例を経由するならば、われわれは一つの仮説的な手がかりを得ることができる。今日の保守化、あるいはナショナリズムの復活を規定するメカニズムは、「オタク」と呼ばれる若者たちを結晶させたメカニズムとどこか似ているのではないか、と。間違ってはならないが、オタクがナショナリズムの担い手だと言っているのではない。ナショナリズムに無関心なオタクもいれば、オタク的な趣味と無縁なナショナリストもいる。ここで提起しておきたい仮説は、一見、社会学的な必然性を欠いているように見える、現代日本におけるナショナリズムの復活は、オタクを結節した機序と形式的に類似したメカニズムにしたがっているのではないか、ということである。

ここで、まず、「オタク」を、日本の戦後史の中で簡単に位置づけておこう。私は、一九九五年に――オウム真理教による地下鉄サリン事件のあった年に――、見田宗介の提案を受けて、現実を秩序づける「反現実」のモードに目をつけて、日本の戦後の精神史を、大きく二つの段階に整理した。現実は、現実ならざるもの、すなわち反現実を準拠にして、意味づけられ、秩序づけられる。ところで、「現実」という語に多くの反対語（理想、夢、虚構……）があることからも明らかなように、反現実は一つではない。戦後史は、中心的な反現実が、「理想」である段階（一九四五―一九七〇）から、「虚構」である段階（一九七〇―一九九五）へと転換してきた。これが、私の理解である。[9]

「オタク」という若者風俗は、虚構の時代の只中で生まれた。「おたく」という語が初めて用いられたのは、一九八三年――虚構の時代の象徴ともいうべき東京ディズニーランドが開園した年――である。中森明夫が、コミックマーケットに集まる若者たちが、互いを「おたく」と呼びあっていることに――つまり二人称代名詞として「おたく」が用いられていることに――異様なものを感じ、この呼称を創造した。したがって、今日「オタク」と呼ばれる社会現象は、それよりわずか前、おそらく一九七〇年代の最末期頃に端緒を求めることができるだろう。

ところで、私の考えでは、日本社会は、一九九〇年代の序盤・中盤より、虚構の時代はリミットに至り、第三の段階へと入った。こうした理解を示唆しているのは、「現実」への奇妙な還流とも呼ぶべき現象である。同じ反現実でも、「理想」と「虚構」では、後者の方が反現実の度合いが高い。つまり「理想→虚構」と、反現実の程度を高めるような形で事態は変容してきた。ところが、われわれは、今日、こうした傾向性を前提にした場合には、理解しがたいような逆転現象を目の当たりにしている。「現実」への逃避とでも呼びたくなるような現象が、広く見られるのだ。一般には、現実からの（理想や虚構の世界への）逃避ということが、問題にされてきた。だが、これとは逆に、「現実」へと、通常の現実以上に現実的なものへと、現実の中の現実へと、極度に暴力的な現実へと逃避している、と解したくなるような現象が、さまざまな場面に見られるのだ。

最もシンプルな例は、リストカットに代表される自傷行為である。自らの身体の上に生起する直接の痛みは、どんな現実よりも現実らしく、現実を現実たらしめているエッセンスを純化させたものだと言ってよいだろう。世界最終戦争やテロ、あるいは戦争のような極限の暴力への指向性をもった、さまざまなタイプの熱狂もまた、「現実」への逃避の一種である。あるいは、激しい事件や戦争の現場に行ってみたいという若者たちの衝動も、同じ傾向に含めてもよいだろう。あるいは、――日本よりも欧米で流行していることだが――「虚構」のドラマに飽き足らないテレビ視聴者は、「リアリティ・ソープ」のような、まさに「現実」そのものをショーとして享受する。

こうした、現実以上の現実である「現実」への逃避は、虚構の時代という枠組みの中に収めることができない。これは、九〇年代中盤以降、われわれが戦後の精神史の第三の局面に入っていることを示す徴候である。詳述はできないが、私はこの第三の局面を、「不可能性の時代」と呼んでいる。理想や虚構に代わって、この第三の局面において目指されている（反現実の）モードは、不可能性である。不可能性はまさに不可能なものである。それゆえ、それは、何ものかに代理されることによってしか、欲望の対象にはなりえない。不可能性の代理物は、定義上、虚構（可能世界）を否定する虚構でなくてはならない。「現実」、暴力的な現実以上の現実は、まさにそのような虚構、虚構からの脱出であるような虚構であるがゆえに、不可能性の代理物となりうる。かくして、不可能性への指向が、「現実」への逃避として反転して現れるような逆説が生ずるのである。「現実」の蔓延は、不可能性への指向の存在をこそ証明している。[10]

さて、われわれが目下主題としている「保守化」や「右傾化」は、まさに、この第三のフェーズ、不可能性の時代とともに始まっているのだ。と、同時に、虚構の時代の後期に、虚構の時代の申し子のようにして生み出されてきたオタクは、虚構の時代とその次の不可能性の時代とをつなぐような役割を果たしていると言うことができるだろう。オタクは、言わば、二つの時代の蝶番である。

オタク

オタクとは何か？　それは、かつてからあった趣味人とどのように違うのか？　あるいは専門家とどのように違うのか？　オタクは、無論、アニメ、マンガ、コンピュータ等の特定の主題で区画できる領域に没頭する人々である。だが、これだけでは、趣味人や専門家との区別がわからなくなる。オタクを専門家や一般の趣味人から区別する特徴は、意味の重さと情報の密度の間の極端な不均衡である。一般には、意味の重さと情報の密度との間には、比例的な関係がある。要するに、有意味なことだから情報が集積されるのである。だが、オタクに関しては、こうした法則が成り立たない。情報は、有意味性への参照を欠いたまま、つまり意味へとつながる臍の緒をもたないまま、それ自体として追求され、集められていくのである。あることがらの「意味」は、常に、より包括的なコンテクスト、外側のコンテクストへの参照を前提にしている。それに対して、「情報」は、そうした外側のコンテクストへの参照を欠いている。オタクは、自らが関心を向ける情報的な差異に関して、それをより包括的なコンテクストに位置づけて、その重要度を説明することができないのである。

だが、オタクに関して、彼らが、きわめて特殊で限定された領域にしか関心をもたないということ、狭い特殊な主題領域の外部への関心がきわめて希薄であるということ、こうした点にのみ目を向けると、オタクの本質を逸することになる。その特殊な領域を通じて、包括的な普遍性が分節されていること、この点にこそ、オタクの本質的な特徴があるからだ。オタクにとっては、その特殊な領域に、包括的な普遍性が——言わば宇宙が——総体として写像されているのである。真に欲望されているのは、普遍性である。普遍性が、そのまったき反対物として現象することで、直接の欲望の対象となること、このことこそが、オタクの神秘の核心である。オタクが自身の特殊に限定された主題領域の外部に、まったく関心を向けることができないのは、彼らの欲望の対象が普遍性であることの、逆説的な結果である。もし、その特殊な領域が普遍性＝宇宙と等値されているとするならば、定義上、その外部は存在しないはずだからである。

今、オタクをめぐるこの逆説を、ていねいに論証する余裕はない[11]。ここでは理解を促進するための若干の事実にのみ言及しておこう。たとえば、オタクたちが好む虚構の作品の中に、「セカイ系」と呼ばれる有力なカテゴリーがある。オタクたちの間で圧倒的な人気を博した作品のすべてではないが、かなりの部分が、セカイ系に属すると言っても過言ではない。セカイ系とは、主人公とその周囲のごく小さく親密な人間関係を、――中間集団や中規模の共同体等の媒介的な水準をはさむことなく――いきなり直接に、「世界の危機」とか「この世の終わり」といった宇宙論的なテーマと結びつけてしまうような想像力のあり方を指している。

『新世紀エヴァンゲリオン』も、また先ほど紹介した『コードギアス』も、セカイ系の作品である。『コードギアス』で、主人公ルルーシュ自身は、実は、自分と妹が二人で幸せに暮らせる場所を求めているだけである。そのために、彼は世界戦争まで引き起こしてしまうのだ。言い換えれば、彼にとっては、妹との幸せがそのまま普遍的な正義と等値されているのである。今しがた、私は、オタクを特徴づけているのは、普遍性を特殊性へと写像している点である、と述べた。このような、オタクを特徴づけている関係を、一つの物語の中に投げ込んだときに導かれるのが、セカイ系の作品だと言えるのではないだろうか。

東浩紀によれば、現在のオタクたちが享受の対象としているのは、個々の物語ではなく、データベース――キャラクターたちのデータベース――である。[12] キャラクターは、個々の物語というコンテクストを離れ、オタクたちの欲望を誘発する関与的な性質――「萌え要素」――を規準にして分類される。消費の対象として、個々の物語よりも、（想像力の中で構築された）データベースの方が重要なのだ。なぜか？　データベースとは、そこから任意の物語が紡ぎ出される母胎である。個々の特殊な物語ではなく、物語の普遍的な集合が欲望されているとき、その集合は、データベースの形態を取ることになるだろう。

政治的有効性感覚

ついでに述べておけば、普遍性と特殊性とのこうした短絡は、その副産物的な帰結として、政治的有効性感覚に独特の影響を残すと考えられる。政治的有効性感覚とは、自らの活動が政治に効果がある、という感覚である。政治的有効性感覚は、選挙、署名活動、デモ等々の個人の政治行動ごとに測ることができる。たとえば、自分（たち）の投票によって日本の政治を動かすことができるかとか、あるいはデモによって政策の変更や政権の交替をもたらしうるかとか、また世論が政治に反映しているかどうか、といったことが政治的有効性感覚である。

普遍的な宇宙を特殊な領域に写像するということは、特殊で親密な領域を操作するのと同じように、普遍的な宇宙にも影響を与えることができなくてはならない、という感覚を生み出すことになる。たとえば、妹を幸せにしてやるのと同じように、世界平和をもたらすことができるはずだ、と。このような基底的な感覚は、――ある媒介変数の有無によって――政治的有効性感覚に対してネガティヴにも、ポジティヴにも作用しうる。

われわれの社会は複雑かつ大規模であり、誰であれ、その全体に意図したような結果をもたらすことができるわけではない。このとき、社会は、諸個人にとっては疎外された実体として現れる。それと、諸個人の意志から独立した物象化された実体として現れるのだ。普遍性と特殊性とを短絡させるような感覚をもってこうした状況に対した場合、すなわち、自身の親密な関係と連続したところに社会的な普遍性があるべきだとの感覚をもっていた場合には、社会の全体性に対する疎外感はよりいっそう大きなものになるに違いない。このとき、願望と現実との間に大きなギャップがあるように感じられ、社会の不透明感と個人の無力感が強まるだろう。つまり、政治的有効性感覚は小さくなる。

現代の間接民主主義のもとでは、個人の意志と社会の全体性とをつなぐ要素は、「代表」という制度である。社会の全体性の個人からの疎外は、直接的には、代表制度の機能障害として現れる。人々は、「私たちの意志を誰も代表してくれない」「私たちを代表する者はどこにもいない」という感覚をもつことになるのだ。いわゆる「無党派層」の感覚こそがこれである。人は、どの政党もまた、自分たちを透明に代表していない、と感じているのだ。

だが、こうした感覚が生ずるためには、一つの条件が必要だ。述べてきたように、諸個人の意志とは直結しないところに全体的な社会が存在しているという実感、全体社会の実在性への感覚がなければ、強い疎外感は生まれてこない。普遍性と私的で特殊な領域を短絡させるセカイ系的な感覚は、やがて、疎遠な実体としての社会の実在への感覚を希薄なものにする。このとき、普遍性と特殊性の短絡は、逆に、政治的有効性感覚を高めるように作用するだろう。自分たちの個人的な行動によって、社会が変化しうる――現に変化した――との感覚が生まれるからである。

さらに一歩進めば、「自分（たち）は誰にも代表されていない」という感覚、代表からの疎外の感覚をこそ代表するような政治家や政治的アクターが出現することがある。たとえば、マルクスは、『ルイ・ボナパルトのブリュメール十八日』で、ナポレオン三世は、誰も代表しなかった貧農（分割地農民）を代表したと分析しているが、ここで抉出されているのは、述べたような代表からの疎外そのものの代表、代表の機能障害を前提にした代表という逆説である。このとき政治的有効性感覚は、さらに高まることになるだろう。

容易に推論できるように、政治的有効性感覚は、自己強化的な因果関係をもたらす。政治的有効性感覚が強い人は、政治行動に対して積極的になる（投票に行ったり、デモや請願活動に参加したりする）。そうした者が十分に多ければ、そのことが、実際に政治に変化をもたらす。そうした「成果」がさらに政治的有効性感覚を強化する……。このような因果関係を発動させるのだ。

　こうした理論的な考察を裏づけるようなデータが、第1節で活用した「現代日本人の意識構造」調査から得られる。この調査には、「選挙」「デモ（等）」「世論」の三つに関して政治的有効性感覚を調べる質問が入っている。図9は、選挙についての政治的有効性感覚の推移を示している。一九七三年の最初の調査以来、有効性感覚は下がり続けていた。しかし、一九九八年を最小にして、以降、有効性感覚が上がり始めたことがわかる。政治的有効性感覚は、まず低下し、その後、上昇するはずだというわれわれの理論的な予想と合致する結果になっている。

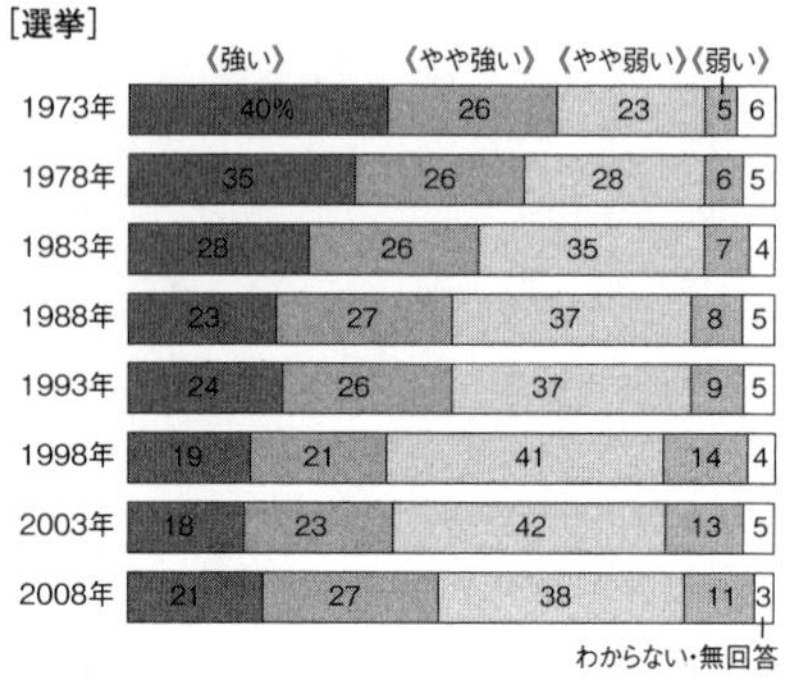

図9　政治的有効性感覚（『現代日本人の意識構造［第七版］』75頁）

　問題は、近年の上昇が、若者たちの意識によるものかどうかである。このことは、図10のグラフから確認できる。このグラフは、選挙・デモ等・世論に関する政治的有効性感覚を総合しスコア化した上で、それを生年別に整理したものである。各折れ線が、それぞれの時点の調査に対応している。直ちに見て取ることができるのは、一九二四年から一九二八年に生まれた者が、最も高い政治的有効性

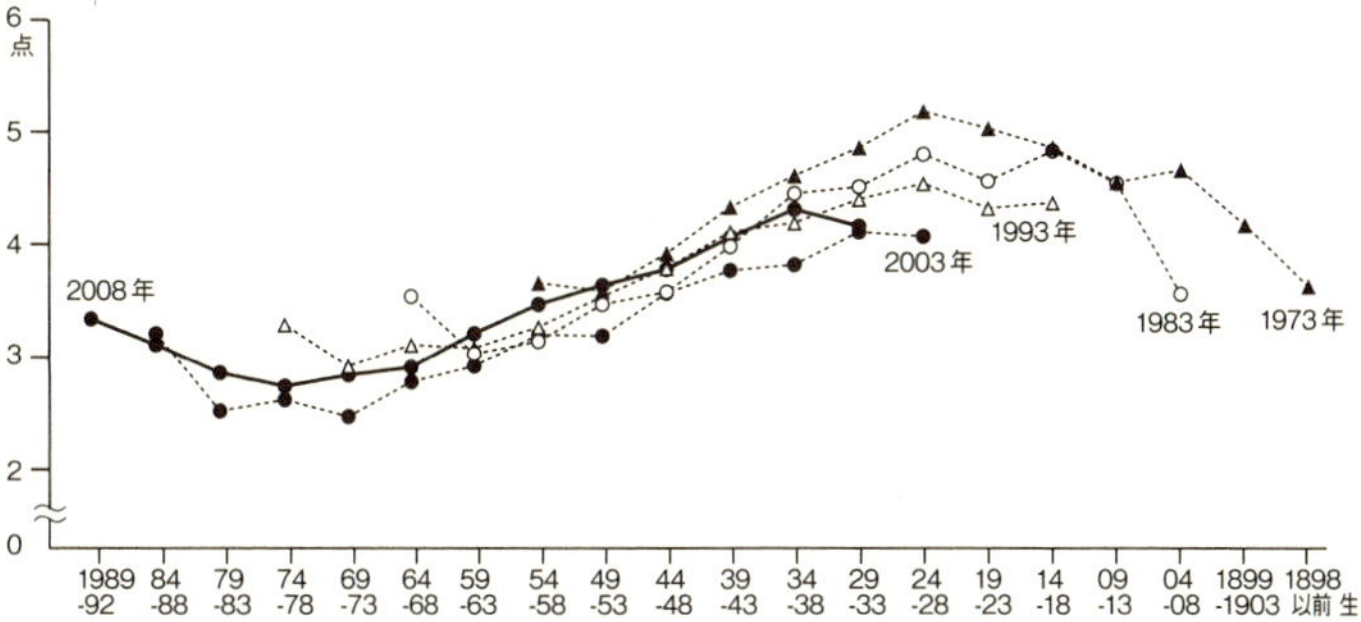

図10　政治的有効性感覚スコア（生年別）（『現代日本人の意識構造［第七版］』80頁）

感覚をもっているということである。この世代は、敗戦の時点で一〇代後半から二〇代前半だった者、つまり成人に達すると同時に戦後の民主主義を経験した最初の世代にあたる。この世代を頂点にして、若い世代ほど政治的有効性感覚が低くなっているように見える。が、グラフをよく見ると、左下がりのパターンが、折れ線の左端でくずれている。一九七四－七八年生まれよりも若い世代に関しては、それより上の世代よりも政治的有効性感覚が高いからである。[13]図9に見たような、近年の政治的有効性感覚の若干のリバウンドは、相対的に政治的有効性感覚が高い若い世代が増えてきたからである。これは、われわれの理論的な推論を裏づけるものではないだろうか。

　政治的有効性感覚についての以上の考察は、いずれにせよ、副産物である。本節の「オタク」に関する考察からわれわれが導きだすことができるより重要な教訓は、次のことである。普遍性が、その反対物において、すなわち特殊性において分節化され、対象化されることがありうるということ、これである。この教訓を携えて、

「保守化」の問題に回帰しよう。

5　アイロニカルな没入

多文化主義的な転回――「信じていないは信じている」

窪塚洋介は、通常だったらナショナリズムの相対化を促すことになると思われるような、視点の脱中心化を通じて、ナショナリズムへと接近していった。すなわち、彼は、民族的な帰属から自由であろうとする、在日コリアンへの想像的な同一化を通じて、日本ナショナリストへと転換したのだった。同じように、『コードギアス』の主人公は、外国人の視点を通じて、日本を支持するナショナリズムに加担する。

そうだとすれば、われわれとしては、あえてこう言ってもよいのではないか。窪塚の場合、さまざまな文化、さまざまな生活様式、さまざまなナショナリズムを、多文化主義的に相対化しうる普遍的な視点を経由することで、ナショナリズムへと向かっているのだ、と。それゆえ、われわれは、多文化主義的な普遍性がナショナリズムへと転回していく機制を解明できれば、問題を解いたことになるはずだ。世界的に保守化・右傾化している中で、多文化主義は、左派の中心的な思想である。それゆえ、われわれが解明すべきは、左派的な多文化主義と保守化・右傾化の間の共役的な関係である。[14]

多文化主義者が、多様な文化や信仰が、深刻な葛藤を帰結することなく一つの社会空間の中で平和裡に共存しうると、素朴に前提できるのはなぜだろうか？　多文化主義が、文化や信仰を私的な趣味のようなものと見なしているからである。信仰は、本来、真理へのコミットメントである。しかし、そのような信仰は、許容できない。真理は、定義上、普遍的であり、それゆえ排他的だからである。「私は、あなたがイスラーム教を信仰することを認めよう。ただし、私的な趣味としてならば」というわけである。

繰り返し確認すれば、多文化主義は、多様な宗教、多様な生活様式の寛容なる共存を謳うわけだが、信仰を私的な趣味のようなものと見なした上で、これを許容する。言い換えれば、普遍的な真理として教義にコミットするような信仰は、許されない。ということは、率直に言ってしまえば、ほんとうは信じてはいけない、ということではないか。これは、むしろ信仰の否定である。もう少し繊細に言い換えれば、多文化主義的な寛容が成り立っているとき、皆、信じているふりをしているのである。信じている人がそうするであろうように振る舞うのは許されているのだ。私は信じているふりをする、あなたもそうしてもかまわない、お互い信じているふりをしあおうではないか、というわけである。

だが、ここには、さらなる転回の胚子が孕まれている。たとえば、私は、神を信じているわけではないが、教会での祈禱や礼拝には礼儀正しくつきあう。つまり、信じているふりをする。なぜか。私ではない誰かが信じているからであろう。私の振る舞いは、その「誰か」の信じていることを前提にしており、その誰かの信仰の圏域に属しているのである。

ここで、ロベルト・ファラーやスラヴォイ・ジジェクが「相互受動性 interpassivity」と呼んでいる現象を媒介項として差し挟むと、見通しがよくなる。たとえば、テレビのヴァラエティ・ショウには、しばしば「スタジオのお客様」が参加している。彼らは何のためにいるのか。彼らは、ショウに驚いたり、笑ったりする。だが、真のオーディエンスは、「私たち」、テレビのこちら側にいる私たちではないか。彼らは、「私たち」のために、「私たち」の代わりにショウを楽しんでくれているのだ。私は、もうひとつおもしろくなくて、笑えなかったとする。あるいは私は、今日は疲れていて、大笑いする元気もないかもしれない。それでも私はテレビのスイッチを切らない。「スタジオのお客様」が、私の代わりに盛り上がっているからだ。そうである以上、このとき私は、結局、楽しんだことになるのである。「スタジオのお客様」は、いくつかの民族が有する「泣き女」と同じ機能を果たしている。「泣き女」は葬式に参加し、他の参列者の代わりに、泣き悲しんでくれる。これによって、実際には泣かなかった参列者も泣いたことになるのだ。

そうだとすると、「信じているふりをしていること（ほんとうは信じていないこと）」は――信じている誰かを前提にしている以上——、もう一段階の反転を被って、「信じていること」になるだろう。ここで、第2節で引いた、スターリン体制下で「ベリヤ」の項目をめぐって生じた、滑稽な出来事を思い起こしてみよう。あのごたごたを通じて、どの特定の個人も、直接には、だまされていない。つまり、党の公式見解をまともに信じている個人を見つけることはできない。それならば、誰がだまされているというのか？　誰のために、あんなめんどうなことをやっているのか？　だまされている者、党の表向きの見解を文字どおり受け取っている者、それは、——私が案出した概念を用いて表現するならば——、どの特定の個人、どの具体的な身体とも同一視することができない、抽象的な「第三者の審級」である。いずれにせよ、ここで重要なことは、信じていないつもりでいても、信じている他者を前提にして行動しているならば、結局は、信じていることになるということである。『ソヴィエト大事典』の読者たちは、いかに醒めた目で党のぶざまな振る舞いを眺めていたとしても、スターリン体制の中に深く埋め込まれていたと考えなくてはならない。

多文化主義の下では、人は、そうとは自覚せずに信じているのである。私は、このような状態を「アイロニカルな没入」と呼んできた。アイロニカルな没入とは、意識と（客観的な）行動との間の、独特の逆立の関係を指している。意識のレベルでは、対象に対してアイロニカルな距離を取っている（「ほんとうは信じてはいない」と思っている）。しかし、行動から判断すれば、その対象に没入しているに等しい状態にある（実際には信じている）。多文化主義的な社会とは、人々のアイロニカルな没入によって成り立っているのだ。

外部委託とその失敗

アイロニカルな没入は、本気で信じている他者の存在を、外部に前提にしているときに帰結する。「信仰」が、その他者に転移されるのだ。現代社会において、そんな他者はいるのか？　いる。どこにいる誰なのか？　たとえば、第三世界の原理主義者がそうである。

多文化主義的な相対化が時代思潮であるような状況で、同時に、原理主義的な絶対化が力をもつことの理由を、「アイロニカルな没入」のメカニズムをもとにして考えてみるのだ。つまり、こういうことである。もし、信仰を転移すべき他者が、もはや、さらなる外部に想定できない状態に至ったとしたらどうなるだろうか。つまり、「ばば抜き」の「ばば（ジョーカー）」を、誰にも渡すことができない状態に達したらどうなるだろうか。直接の信仰が回帰することになるだろう。原理主義とは、このような状態、つまり「信じているふりをしている自己」と「信仰をその上に転移される他者」とが合致してしまっている状態ではないだろうか。

現在のグローバル資本主義の下では、「外部委託《アウトソーシング》」が広範に活用される。シンボリック・アナリストが担当するような仕事（企画、デザイン、広報、会計等）は、「先進国」にある親会社が引き受けるが、いわゆる３Ｋ仕事（直接の物質的生産）はしばしば「第三世界」にある子会社に委託されるのだ。

これと似たような仕方で、信仰も、言わば外部委託されているのである。ときに、外部委託の戦略を用いて、環境基準など、先進国の厳しい法的な規制を逃れる企業がある。だが、規制の緩い外国の企業に外部委託したとしても、本質的には環境破壊をしていることには変わらない。信仰でも同じだ。外部委託したからといって、狂信の罪から逃れられるわけではない。

だが、「信じている他者」を、第三世界に想定する必要は必ずしもない。たとえば、生産を某国の企業や労働者に外部委託したとしても、期待していたほどの高品質の製品が生産できないときがあるだろう。そのときにはどうするのか？　本国の親会社が、自らに直属する本国の工場で生産することを引き受けるか、あるいは、少なくとも生産技術を直接に某国の労働者に指導するほかあるまい。信仰についても同じである。第三世界の原理主義者が「信用」できないとなれば、その役割を先進国で引き受けるしかない。そう、こうして導かれる、「われわれの社会」の中にいる、「信じている他者」こそ、保守化や右傾化を担う、いささか季節はずれの印象を与えるナショナリストなのだ。

整理しよう。「アイロニー」の側面と「没入」の側面は、厳密に相互依存の関係にある。そして、ときに、その両側面を一人の個人が一手に引き受けなくてはならないときがあるのだ。たとえば、スターリン体制下のスターリン自身もそうであった。今日の保守化やナショナリズムの担い手もまた、そうである。だから、彼らは、多文化主義に見立てられる相対化を経由した後で、ナショナリズムや右派的な思想に没入するのである。

一方で、「日本は一流国だと思うか」とか「もはや外国から学ぶべきものはないと考えるか」と正面から問われれば、そんなことはない、それほどでもないと答え、醒めた意識を示す（アイロニー）。しかし、他方で、彼らの行動、どんなマンガやアニメに熱狂し、ネットにどんな書き込みをするかといったことに示される彼らの行動を見れば、そこには、ナショナリスト的な没入を認めないわけにはいかない。

同じことは信仰に関しても言える。一方で、神や仏といった伝統的な信仰対象に対しては、これを嘲笑するような醒めた意識で接する。しかし、他方で、奇跡やあの世、あるいはスピリチュアルといった対象には、没入的なコミットメントを示す。アイロニーの側面と没入の側面は天秤のように完全に釣り合っており、互いに互いを支え合うようにして成立しているのである。

暗黙の（反）規範

だが、まだ積み残された問題がある。その「信じている他者」の信仰の内容である。なぜ、彼らは、ネーションの大義とか、非合理的な宗教といった、時代錯誤的なことを信じているのか？　どうして、彼らは、社会学的な必然性を欠いた、ローカルで、特殊なイデオロギーに執着するのか？　もっと端的に言えば、彼らは、なぜ、「人権の理念」とか「フェミニズム」といったような、「普遍的」な価値を掲げてくれないのだろうか？　ここで、「オタク」に言及しつつ抉出したあの原理が、効いてくる。普遍性が特殊性の上に写像された上で、分節化されるという、あの原理が、である。

保守化の担い手たちが、たとえば「人権」のような、ＰＣ（political correctness）的な「普遍的理念」に対して抱く印象は、それらは欺瞞的・偽善的だ、というものであろう。しかし、無論、最近の左派は、かつてよりも性格が悪くて、偽善的な人が多くなったわけではない。そうではなく、そうした、啓蒙的・近代的な「普遍性」を欺瞞的なものとして現象させる構造的・社会的な原因があるのだ。

そもそも、多文化主義のような思想が唱えられるのは、今日では、もはや、どのような積極的な価値や理念も、その普遍性を標榜することができないからである。かつて普遍的であると信じられていた、啓蒙思想に由来する近代的な理念も、特殊に西洋的な――つまりローカルな――ものに過ぎないと見なされている。要するに、普遍性は、今日では、不可能なのだ。人権や平等といった、近代的な「普遍概念」が、欺瞞的な印象を与えるのは、このためである。

普遍性が不可能であるとするならば、そこにできあがった空白は、普遍性をあからさまに否定し、蹂躙するような価値によってこそ埋められるであろう。「普遍性が不可能であるということ」、これだけが、残された唯一の普遍性だからである。そして、普遍性をあからさまに拒否することが、言い換えれば特殊性をあからさまに支持することが、この残された唯一の条件に素直に、欺瞞なく応ずる方法だからである。ナショナリズムや呪術的な信仰は、まさに、そうした「普遍性の代理」として機能する特殊性に他なるまい。

ここに概念的に説明したような原理は、われわれが経験的にはよく知っていることである。ほとんどの共同体は、「普遍的」で、行儀のよい明示的な規範と同時に、それをことごとく否定するような、しかし決して明示されることのない、冒瀆的な（反）規範をもっている。たとえば、いくつかの軍隊では同性愛は明示的には禁止されているが、隠れたところでは許容され、ときに推奨されてさえいる。そのあからさまな例は、ナチスの親衛隊である。あるいは、いくつかのカトリック教会では、ときにスキャンダルとして報道されてきたように、司祭たちは、少年愛のような、倒錯的な性行為にふけっている。あるいは、思春期の仲間集団にとっては、飲酒や喫煙のような些細な行為でも、不可欠な「冒瀆」としての用をなす。一方には、学級委員長が擁護している行儀のよい校則があり、他方には、それを蹂躙するような校則違反があるのだ。

共同体のメンバーにとって、ときに、後者の暗黙の（反）規範の方が重要で、拘束力も大きい。明示的な規範、行儀のよい「普遍的」な規範から逸脱しても、共同体から排除されることはない。しかし、後者の（反）規範を無視したときには、ときに、メンバーとして資格を実質的に失ってしまうだろう。たとえば、生徒手帳に載っているような学校の規則の一つやふたつに反しても、友人たちから仲間はずれにはされないが、皆で密かに飲酒を楽しんでいるようなときに、いい子ぶってそれを拒否すれば、ほんとうに仲間外れにされてしまう。このように、結束力の高い共同体には、一般に、明示的な規範と、それを否定する暗黙の（反）規範があり、後者の方がメンバーとしての資格にとってより重要である。

ＰＣ的な左派の主張と、保守派の偽悪的な主張の間の関係は、結束力の高いどんな共同体にも見出される、明示的な規範と暗黙の（反）規範との関係と類比的である。[15] 左派としては、保守派の主張を道徳的に糾弾しても、たいして効果はないだろう。軍紀をたてにして、同性愛を批判しても、軍隊から、隠れた同性愛が消えることがないように。学級委員長が校則を引用しながら注意しても、若者たちの逸脱行動がやむことがないように。暗黙の（反）規範は、明示的な規範が、自分自身の限界を通じて生み出した、自らの補完物にほかならないからである。

註

1　この点については、中島岳志の整理が参考になる。中島「思想と物語を失った保守と右翼」『論座』二〇〇七年七月号。ここで、彼は、「保守」と「右翼」を厳密に区分している。

2　『現代日本人の意識構造〔第七版〕』NHK出版、二〇一〇年。

3　逆に言うと、自分の国に愛着があるという趣旨の回答をする者の率が、九割を大幅に下回るとき、何らかの特別な「原因」があると考えなくてはならない。

4　ここに示してきたように、一口に「ナショナリズム」と言っても、「自国への愛着」と「自国への自信《プライド》」は、かなり異なった態度や振る舞いに対応していることがわかる。つまり両者を、同じナショナリズムの二つの現れと見なすことはできない。私は、本文で、「愛着」に関しては時系列的な変化に乏しく、社会学的な関心を抱くほどのデータは得られないかのように述べたが、しかし「自信」についてのデータと対比させるといささか興味深いことがわかる。NHKの調査の中に、外国との交流への積極度を測る質問がある（「外国人と友達になりたい」「貧困国の支援活動をしたい」「海外で仕事・勉強したい」のそれぞれについてどう思うか質問している）。まず「日本への愛着」と「交流への積極度」をクロスさせてみると、日本への愛着が強い者ほど海外との交流にも積極的な傾向があることがわかる（表1）。したがって、身内を愛する者は、外部の者への関心や愛情が薄くなり、ときには排他的にさえなりうる、という常識は、完全に否定される。自国への愛は他国との交流を促進する傾向があるのだ。次に、「日本への自信」と「交流への積極度」をクロスさせると、驚くべきことに、自信の強い人ほど海外との交流に消極的な傾向が見られるのだ（表1）。このように「愛着」と「自信」は、外国への対他的態度に関して、まったく逆の態度を助長しているのだから、異なる心性と見なさなくてはならない。それにしても、日本への自信の強い人が、外国人とあまり交流したがらないのは、どうしてなのか？　自国へのプライドが高くて、もう海外で勉強することはないと思うだけならともかく、外国の友人をもつことや貧困国への支援活動にまで消極的なのはどうしてなのだろうか？　そんなに自信があるのなら、外国にどんどん出かけて友人をたくさんつくったり、困っている外国人を助けてやったらどうなのだろうか？　日常でも、空威張り的な、あるいは過剰気味な自信の表明は、しばしば、自信のなさの裏返しの表現であったり、不安を隠蔽する所作であったりする。こういうとき、人は、他者との交流や接触を回避しようとする傾向がある。「日本への自信」に関しても、これと類似の心理的メカニズムが働いている可能性がある。

表1　外国との交流（「そう思う」、年層3区分、日本への愛着別と自信別、2008年）

		日本への愛着			日本への自信		
		強い（3·2点）		弱い（それ以外）	強い（3·2点）		弱い（それ以外）
友達になりたい	若年層	84%	>	67	80		82
	中年層	75	>	54	69	<	75
	高年層	45	>	26	38	<	47
支援活動	若年層	88	>	63	89		84
	中年層	81	>	53	74	<	80
	高年層	75	>	41	75		71
海外で仕事・勉強	若年層	61		54	60		60
	中年層	50	>	35	45		50
	高年層	22		14	20		22

※数字の間の不等号は、両側の数字を比較した検定結果（信頼度95%）で左側が高ければ「>」で、低ければ「<」で示した。

（『現代日本人の意識構造［第七版］』116頁）

5　図7のグラフで、若年層と高年層の差異が最小になるのが「お守り・おふだの力」である。これに関しても、奇跡やあの世と同様に、若年層ほど信じる傾向はあるが、しかし、お守りやおふだの力に関しては、五〇代後半以上の高年層も、奇跡やあの世よりは信じる者が多く、若年層との差は小さい。その原因は、お守りやおふだは、奇跡に比べれば、伝統的な神・仏との連続性が強いからであろう。お守りやおふだの信仰においては、異なる二つの心的な機制がともに作用しうるのである。

6　例えば次を参照。*Stalin's letters to Molotov*, Yale University Press, 1995.

7　以下を参照。Slavoj Žižek, *Violence*, Profile Books, 2008.

8　北田『嗤う日本の「ナショナリズム」』ＮＨＫブックス、二〇〇五年。
中島「窪塚洋介と平成ネオ・ナショナリズムはどこへ行くのか」『論座』二〇〇六年一月号。

9　大澤真幸『虚構の時代の果て』ちくま新書、一九九六年→増補、ちくま学芸文庫、二〇〇九年。

10 詳しくは、大澤真幸『不可能性の時代』（岩波新書、二〇〇八年）を参照。

11 詳しくは、『不可能性の時代』第3章、参照。

12 東浩紀『動物化するポストモダン』講談社現代新書、二〇〇一年。

13 図10のグラフは、ほかにもいくつか興味深いことを教えてくれる。五本の折れ線がほとんど束になっているのは、同じ年に生まれた者、つまり同一の世代は、どの調査時点でもほぼ同じ政治的有効性感覚を示すからである。つまり政治的有効性感覚は、生涯、ほとんど変わらないのだ。最初に強かった者は最後まで強く、弱かった者は、時代の変化にかかわらず弱い。さらに仔細に見てみると、一九六四年生まれ以降の世代では、二〇代前半の政治的有効性感覚が、そのまま持続していることがわかる。選挙権をもっていない一〇代後半のときの方が政治的有効性感覚が高く、選挙権をもつ頃には——つまり政治に影響を与えるための制度的なルートを獲得した頃には——逆に下がり、そのまま生涯、ほぼ固定されるのである。ところで、一九六四年以降の生まれというのは、ほぼオタクの最初の世代に対応している。彼らが、実際には政治に参加していない限りで（一〇代前半の時点で）、政治的有効性感覚が高いというのは、おもしろい事実ではないだろうか。

14 塩原良和「ネオリベラル多文化主義の台頭と移民の選別／管理／排除」参照、二〇〇七年度関東社会学会。

15 かつては、左派的な行動こそが、逸脱的な反規範を代表していた。しかし、今や関係は逆転した。「かつて」とはいつのことか？　それは、理想の時代までのことである。虚構の時代以降は、規範をめぐる左派と右派の位置が逆転したのだ。どうして逆転したのか、その直接の原因は、本文に述べた通りである。普遍性が、普遍的な価値の妥当性が、もはや信じられていないこと、それが原因である。

初出一覧

第1章　大澤真幸・姜尚中編『ナショナリズム論・入門』（有斐閣）、二〇〇九年
第2章　「RATIO　3」（講談社）、二〇〇七年
第3章　「RATIO　1」（講談社）、二〇〇六年
第4章　「国文学　解釈と鑑賞」（至文堂）、二〇〇七年一二月号
第5章　第五五回関東社会学会大会（二〇〇七年、筑波大学）での報告原稿を大幅に加筆・修正。

近《きん》代《だい》日《に》本《ほん》のナショナリズム

二〇一一年六月一〇日第一刷発行

著者　大《おお》澤《さわ》真《ま》幸《さち》

発行者　鈴木　哲
発行所　株式会社　講談社
東京都文京区音羽二丁目一二—二一　〒一一二—八〇〇一
電話（編集部）〇三—三九四五—四九六三
（販売部）〇三—五三九五—五八一七
（業務部）〇三—五三九五—三六一五
装幀者　奥定泰之
本文データ制作　講談社プリプレス管理部
本文印刷　凸版印刷株式会社
カバー・表紙印刷　半七写真印刷工業株式会社
製本所　大口製本印刷株式会社

ISBN978-4-06-258501-9　Printed in Japan
N.D.C.361　221p　19cm

講談社選書メチエ　刊行の辞

書物からまったく離れて生きるのはむずかしいことです。百年ばかり昔、アンドレ・ジッドは自分にむかって「すべての書物を捨てるべし」と命じながら、パリからアフリカへ旅立ちました。旅の荷は軽くなかったようです。ひそかに書物をたずさえていたからでした。ジッドのように意地を張らず、書物とともに世界を旅して、いらなくなったら捨てていけばいいのではないでしょうか。

現代は、星の数ほどにも本の書き手が見あたります。読み手と書き手がこれほど近づきあっている時代はありません。きのうの読者が、一夜あければ著者となって、あらたな読者にめぐりあう。その読者のなかから、またあらたな著者が生まれるのです。この循環の過程で読書の質も変わっていきます。人は書き手になることで熟練の読み手になるものです。

選書メチエはこのような時代にふさわしい書物の刊行をめざしています。

フランス語でメチエは、経験によって身につく技術のことをいいます。道具を駆使しておこなう仕事のことでもあります。また、生活と直接に結びついた専門的な技能を指すこともあります。

いま地球の環境はますます複雑な変化を見せ、予測困難な状況が刻々あらわれています。

そのなかで、読者それぞれの「メチエ」を活かす一助として、本選書が役立つことを願っています。

一九九四年二月　　野間佐和子